穆斯林與猶太少女

柏林納粹時代的救援紀實

Der Muslim und die Jüdin:
Die Geschichte einer Rettung in Berlin

羅南・史坦格（Ronen Steinke） 著
闕旭玲 譯

媒體好評

納粹高壓統治前，穆斯林、猶太人與德國人曾和平共處很長一段時間，一九二八年啟用、迄今仍聳立在柏林威爾默斯多夫區的雙塔清真寺就是明證。《南德日報》記者、作家羅南・史坦格深知仇恨動員的危險，他走進當年柏林的阿拉伯社群，挖掘出這個充滿人性光輝的故事，激勵我們重新找回對話的勇氣。

——林育立（駐德國記者）

德國前聯邦總統伍爾夫（Christian Wulff）曾多次強調「伊斯蘭也屬於德國的一部份」，引來激烈爭論。但是，讀過這本書的人應該會認同他的話。這個穆斯林醫師在柏林拯救猶太少女的故事，也是德國歷史中不該被遺忘的一部份。

——蔡慶樺（作家）

羅南・史坦格這位年輕作家原也是專業律師，不但鑽研過戰犯刑事法，又當過報社政論記者，且具有多國實地採訪經驗。在他的首作《大審判家弗里茲・鮑爾》中，敘述生動緊湊，文筆精彩，讀來讓人感受到歷史的真實面和傳記文學的魅力，揭露出納粹德國史黑暗的一面，很值得推薦。而在他這本新作《穆斯林與猶太少女》中，將發生於柏林的事件場景描寫得歷歷如繪，更引發讀者想瞭解作者是如何運用真實的傳記資料，勾勒出如此驚心的情節，重現這位穆斯林醫生致力幫助這位猶太少女存活的過程，使她從猶太詩人策蘭之詩〈死亡復格〉（Todesfuge）所描寫的絕境獲救重生。

——鄭芳雄（教授）

「《南德日報》記者羅南・史坦格將這一則根據史實卻令人震驚的故事，描述得如此感人又獨樹一格。」

——德國《西北日報》（*Nordwest Zeitung*）

「這則真實故事，標記著猶太人和回教徒曾經有過的真摯情誼。」

——回聲日報網（echo-online.de）／德國《達姆城回聲報》（*Därmstädter Echo*）

「赫爾米醫生充滿傳奇色彩的故事，長久以來竟不為人知。」

——《慕尼黑新聞報》（*Münchner Nachrichten*）

「憑藉著辦案般追根究柢的精神，羅南・史坦格仔細地比對所有資料，一一訪談了相關人士。」

——《紐倫堡新聞報》（*Nürnberger Nachrichten*）

「如此扣人心弦又資料詳實的歷史記錄，描述了援救安娜・博洛斯（Anna Boros）的精采故事……」

——柏林aviva婦女雜誌網（aviva-berlin.de）

「一則打破宗教藩籬的救援故事，敘述得如此令人驚艷。」

——德國廣播電台（Deutschlandfunk）

「這是一本能讓讀者在放下書本的那一刻，篤定而欣慰地知曉：人性光輝真的存在……」

——好書推薦網（buchtips.net）

「史坦格將那段逝去的時光描述得如此栩栩如生，如此真實，如此扣人心弦。」

——德國《比爾施塔特》日報網（buerstaedter-zeitung.de）

「一樁教人意想不到的救援行動，卻成就了一則令人動容的傳奇紀實。」

——美茵茲《廣訊報》（*Allgemeine Zeitung*）

「絲絲入扣，感人肺腑。」

——德國《每日鏡報》（*Der Tagesspiegel*）

作者序
給台灣中文版讀者

六年前我在報上看到一則簡短的新聞。那則新聞跟這本書的故事有關。新聞內容僅短短數行，卻令我為之著迷，不僅印象深刻，還著魔般地完全被吸引。

新聞的內容是：七十年前，我的家鄉德國被殺人魔、獨裁者所統治，卻有一名外國人憑藉著過人的勇氣，挺身而出，保護並搭救了一位猶太少女。

多年後，以色列猶太大屠殺紀念館（Yad Vashem）希望表揚此人的英雄事蹟。他是一名埃及的阿拉伯人，以色列猶太大屠殺紀念館想要對他冒著生命危險拯救猶太人的義舉，致上最高敬意。館方寫信給這名阿拉伯英雄的後代，希望向他們表達誠摯的謝意。

對方的回答竟是：不用了，謝謝。他們不想跟這件事扯上關係。他們不願意接受表揚，因為——要表揚其先人的機構，是以色列單位。多麼令人傷心和惋惜啊！如今阿拉伯世界的政治氛圍是如此的仇視猶太人和以色列。德國境內的氣氛亦然，總是容易動輒得咎，敏感異常。

這則拯救猶太人的英勇事蹟——如今幾乎被世人遺忘——但我卻對這則新聞久久不能忘懷。因為我覺得這麼一個充滿勇氣與人性光輝的故事，不該有如此令人遺憾的結局，於是開始研究和調查。

為了進一步了解這段史實，我從檔案入手。除了書面資料外，我更起而行，不久之後便搭機遠赴埃及。我想了解身為英雄的後代，為什麼他們對這件事如此冷漠。我滿懷虔誠與敬意地去見他們，由衷盼望這則史實能成為彼此互信、互諒的橋樑。

至今我依舊秉持著這樣的信念與盼望。令人欣慰的是這個故事、這則史實，後來真的發揮了橋樑的作用。本書自二〇一七年在德國出版至今，已引起無數令人振奮的回響與熱議。我由衷希望這僅是開端。我期盼這則故事能持續帶動風潮，讓全世界的讀者都能對國與國之間，宗教與宗教之間的成見，有所警醒與反思。

羅南・史坦格（Ronen Steinke）

二〇一九年八月於德國柏林

獻給漢娜

目次

中東與柏林之間

「有些女人喜歡懷裡抱著一隻迷你鬥牛犬。有些女人愛在臉上掛個單片眼鏡。有些則特意造訪三教九流聚集的地窖酒吧。還有些專挑充滿異國情調的宗教去信仰。」專欄作家「侏儒妖」（Rumpelstilzchen）在報上寫道；侏儒妖本名阿道夫・史坦恩（Adolf Stein, 1871-1945），乃威瑪時期《柏林地方日報》（*Berliner Lokalanzeiger*）的知名愛國記者。據其描述，當時不僅印度性靈導師克里希那穆提（Krishnamurti）的學說在帝國首都開始風行，就連建在柏林郊區弗羅瑙（Frohnau）的寺廟，亦常見佛教徒出入。不過值得注意的是，一九二八年侏儒妖在專欄裡寫下的結論卻是：「西柏林當時最時髦和最風雅的，當屬伊斯蘭教。」

一九四三年秋，幾名蓋世太保盛氣凌人地踏進一名埃及醫生位於夏洛騰堡（Charlottenburg）的診所，一進門便看見了一名穆斯林女孩。她坐在接待室內，正在整理要送驗的血液和尿液樣本。圓圓的臉上一雙慧黠的眼（侏儒妖肯定會說，這雙眼「平靜透徹得猶如彌賽亞之眼」），皮膚白皙。

一頭深色捲髮被女孩用薄薄的頭巾圍起，她笑起來時會露出淺淺的酒窩。她很愛笑，即便蓋世太保當前，依舊笑臉迎人。「她總顯得精力充沛，非常健康。」後來的人追述道。

她長得高挑而漂亮。至於其他方面則不太好形容。東方氣質，兼具南國風情，總圍著頭巾。嗯，該怎麼說呢？總之，這個年輕女孩進退有據，舉止合宜，沒錯，這麼形容她就對了。但用這句話來稱讚穆罕默德・赫爾米（Mohammed Helmy）醫生的這位穆斯林女助理，雖然貼切，但貼切的程度卻遠超過眾人所悉。

蓋世太保吆喝著進門——叫你們老闆出來，立刻！——，年輕女孩謙恭有禮地引導他們坐下，並說：請稍待片刻。當然，我們醫生馬上就出來。我們很樂意配合的，大家都曉得這是分內的事嘛。

年輕女孩跟裡頭的醫生一樣，都說著一口流利的德文，毫無口音。她雖然有個阿拉伯名字，卻是個對德國人而言很容易發音的名字：娜迪亞（Nadja）。如果有人問起她的來歷，她總說：她跟醫生是親戚，是他的姪女。

蓋世太保開始隨意翻看抽屜和櫃子，接著又一臉懷疑地闖進候診室，將簾子一把拉開，隨機兇悍地命人出示證件——至於娜迪亞，一如眾人所見，她一直隨侍在後，並和蓋世太保保持著適當的距離，恰如其分地從旁協助，安靜而不起眼。

兩年來，火車一班班地開往滅絕營。一九四一年十月十八日，一個寒風刺骨的秋日，驅逐行動在柏林拉開了序幕。數百名來自莫阿比特區（Moabit）、夏洛騰堡、哈倫湖（Halensee）的猶太男子被迫走入街頭，頂著滂沱大雨穿過柏林的街道、廣場，行經選帝侯大道（Kurfuerstendamm），去到格呂內瓦爾德（Grunewald）火車站。

如今，蓋世太保要搜捕的正是那些偷偷躲起來、依舊逗留在此的人。有上千名猶太人仍藏身柏林，大多流離失所，餐風露宿，不是棲身橋下，就是睡在森林裡，有些人則徘徊於輕軌沿線，等夜深了，輕軌停駛了，再到車站大廳或廁所內尋一暫時安眠之處。

蓋世太保已經不只一次現身於夏洛騰堡的這間診所，每次來都要求見當家的穆斯林醫師，盤問內容多次鎖定一名失蹤的猶太少女——安娜（Anna）。

「我們家醫生一定會盡力配合，充分協助。」圍著頭巾和面紗的穆斯林女助理話聲未落，醫生已朝這兒走來，他的腳步聲預告著，女孩終於得以擺脫這場令人窒息的談話。從診間走出來的是一名皮膚黝黑、身材高大的埃及人，他第一時間便向蓋世太保伸出手。

「希特勒萬歲！各位好！」

「這裡絕對是如假包換的中東。貝都因人（Beduinen）、德爾維希人（Derwische）、開羅人、土耳其人、希臘人，除了這些男人之外還有他們的女眷和女僕，大家都以最真實的樣貌，原汁原味地生活在此。」當時首屈一指的戲劇評論家阿爾弗雷德・克爾（Alfred Kerr, 1867-1948）在某個夏日，行經柏林一處泥造平房時，如此感嘆道。空氣中飄散著中東特有的荳蔻咖啡香，並混雜著柏林廉價香菸的氣味。另外也有人記述道：屋前總能看見「身穿金色絲綢的男人」悠閒地在那兒吞雲吐霧。「可惜這群人已經不夠原始，夏天時我們在柏林動物園裡見到的景象，在他們身上已不復見。」專欄作家「侏儒妖」更感嘆道，「他們顯然已受到文明的廣泛薰陶。」當時的柏林人深為中東風情而著迷，但他們偏好用一種看待動物園裡珍奇動物的眼光，來看待這些中東人。

生活在柏林的阿拉伯人，就像是被視為充滿異國風情的動物般，一八九六年已經有了以《突尼斯後宮》（*Tunesischer Harem*）為題的戲碼，一九二七年則有名為《的黎波里秀》（*Tripolis-Schau*）的表演。此外開羅和巴勒斯坦，也都是柏林庶民娛樂和表演所熱愛的主題。「拜託，可不可以不要再推擠了！」某位遊客在他的柏林遊記中提及那些表演的盛況與人潮。不過，《猶太廣訊報》（*Allgemeine Zeitung des Judenthums*）的一位作家卻對這種典型的開羅布景不勝唏噓，「這些中東布景不僅令人憶及聖經場景，」同時也讓人回想起「我們猶太人的輝煌過往，與悲傷的現況。」

二十世紀的二〇和三〇年代，正值柏林最動盪的時期，但猶太人和穆斯林之間卻因此拉近了彼此的距離，他們相處融洽，互有聯繫。當時兩大族群之間的友好其實眾所周知。只不過，這樣的友好關係到底有多深刻、廣泛，長久以來卻未被重視和提及。

直到最近有人在地方資料館和外交部的政治檔案中發現了一些彌足珍貴的史料，我們才得以證實：原來在希特勒的獨裁帝國裡，在首都柏林，有位阿拉伯人曾為拯救猶太人伸出了援手。如今在這個充滿仇恨的時代裡，這則故事正好可以激勵我們，為我們帶來勇氣。

現今居住在德國的穆斯林大多認為，納粹集中營的歷史與他們無關，和他們自身的故事沒有交集，無法觸動他們，甚或認為穆斯林移民根本沒有參與過和出現在那段歷史裡。但本書的故事卻證明：事實恰好相反。這則故事奠基於真實的史料，奠基於塵封已久的國家賠償檔案、祕密警察書信，和相關的外交檔案，還有赫爾米醫生和安娜小姐所留下的種種個人跡證，以及我對他們仍在世之子女和子姪輩的親身訪談。這則故事猶如一線曙光，照亮了那個幾乎被遺忘的世界——威瑪時期生活在柏林的阿拉伯社會，這群人受過高等教育，有見識、教養，絕大多數一點也不仇視猶太人。

現今許多生活在德國的猶太人，常視穆斯林聚居的地方為不可涉足的危險區域，他們認為那裡治安不佳，有安全疑慮——倘若這種成見繼續存在，那麼無論本書呈現多少感人史實，都無法彌補此等缺憾。即便如此，這些史實仍帶給我們一線希望：情況或許也將改變，因為穆斯林族群在歐洲的生活歷史，其實遠比我們表面上知道的還要久，還要豐富。

我們絕無美化穆斯林，或要文過飾非之意。二十世紀三〇年代生活在柏林的穆斯林，確實有不少人依附於納粹，甚至成為極權者的爪牙，成為反猶太政治和宣傳的利器，並且把希特勒的自傳《我的奮鬥》（*Mein Kampf*）翻譯成阿拉伯文。但除此之外，卻也有一群為數不少的人，具體而微地彰顯了當時德國境內對猶太迫害的反制力量。本書要記述的正是這群人，這些事，以及他們過人的勇氣。

到府拜訪

兩人第一次見面是一九三六年的某個午後，那天穆罕默德・赫爾米醫生和少女安娜第一次見到彼此。當天所給她的印象與感覺就是尷尬，直到很久以後，她都還記得那天種種的浮誇情景，和大人們的矯揉造作。莫阿比特區的街道車水馬龍，赫爾米醫生的座車被迫在路上開開停停，他正要前往市中心，前往滿是商店櫥窗和廣告招牌的亞歷山大廣場。

他終於抵達她們位於新腓特烈街（Neue Friedrichstrasse）的大宅，下車後按鈴。這戶人家的門牌是七十七號，一樓堆滿了水果，是一間很大的水果商行。站在人行道上撲鼻而來的是新鮮桃子的香味。桃子一斤四馬克。旁邊還有新鮮的番茄。番茄一斤二十芬尼。一名陌生女子開口喚他。

站在門邊迎接他的兩名女士珠光寶氣，身上又是鑽石戒指又是珠寶項鍊。醫生都還來不及開口問候，她們已經熱絡地迎上來，不停寒暄，同時不忘交代女管家趕緊上茶，又喚來匈牙利女廚子要她準備點心，好好招待醫生。「醫生，您儘管放心，我們家也不吃豬肉，完全不吃，您明白嗎？」

十一歲的安娜和這兩名女子同住，她們是她的母親和祖母。安娜簡直不敢相信自己的耳朵，母親竟對這名陌生的埃及人百般逢迎。母親和祖母爭相對醫生提出邀約，安娜覺得，她們正在刻意討好，「為了跟醫生建立私人情誼。」

後來安娜自述，她「不是個會向人訴苦的人。」所以從不跟母親或祖母抱怨，比如她們的哪些行徑會對她造成困擾。她一直認為母親和祖母是很吝嗇的人，一點也不慷慨。她們一生克勤克儉，不過，這或許是不得不然；她們遇到的男人都無法依靠，不是早死就是最終分道揚鑣。所以她們得自謀生路，開店做生意。平常她們不喜歡阿諛諂媚，也很忌諱引人矚目。但眼前的這一幕——她們對待赫爾米醫生的方式——著實令她震驚。安娜看著母親和祖母正在使出「渾身解數」。

醫生來訪，這件事跟安娜原本無關，但母親和祖母卻不斷地喊她。「安娜兒，過來！」或直呼她的小名「潘妮（Panny），去那邊！」「潘妮卡（Pannyka）！」祖母——匈牙利方言稱之為「納吉媽媽」（nagymama）——不管是說客套話或罵人，都突然變得溫柔無比，「別站在那兒，妳擋著醫生了，機靈點！」

赫爾米醫生剛想脫下外套，他一點也不介意安娜擋到他。但安娜很識相，她不想讓

十一歲的安娜與她的母親、繼父合影，於1936年。

祖母難堪。「我很清楚我們當時的狀況，」安娜後來追述道。猶太人的處境開始變得非常糟糕，安娜說，「商店被沒收，錢財被充公，諸如此類的事比比皆是。」所以她寧願默默地配合祖母。

女管家端來茶水，行經鋼琴和罩著綢緞的沙發，繼而穿過擺有躺椅的起居室，然後是兩張床，兩座衣櫃，三張地毯，接著是一些畫、高級餐具、雕像，最後到達安娜祖母特地挑選出來，讓阿拉伯醫生幫她看診的房間：一個擺著玻璃櫃，有六張單人沙發和一面鏡牆的房間，安娜的祖母戲稱這裡為「鏡廳」。

這家人應該財力雄厚，赫爾米醫生看著她們鏡子裡的身影想。無怪乎會邀他來家裡出診，而非去醫院找他。一樓那間名為「M.魯德尼克股份有限公司」（M. Rudnik GmbH）的水果批發行，是以祖母塞西莉亞（Cecilie）第二任丈夫莫伊斯·「馬克斯（Max）」·魯德尼克的名字來命名的，裡頭堆放了多噸葡萄柚和一車車的鳳梨，母女倆雇用了許多員工，水果行一年的營業額超過十萬馬克。即便兩名女士精明幹練，赫爾米醫師還是可以察覺到她們不經意流露出的惶恐。

每個月從荷蘭進口一噸釀酒用的葡萄，這門生意如今已大不如前。各項反猶太法律頒布後，水果行的營運變得越來越困難，非猶太籍的客戶付款時突然變得毫無誠信，甚至對她們這些猶太商人極盡刁難之能事。義大利進口的茄子，希臘的無花果，法國的葡萄乾，匈牙利的青椒、黃瓜、玉米和梨子，這些曾讓水果行大發利市的進口蔬果，最近的交易皆因受限於法規而嚴重萎縮。這一切全拜坐鎮布蘭登堡的那群可惡的傢伙所賜。

從新腓特烈街往下走，離水果行沒幾步路的那座中央市場，大廳裡掛了一塊牌子：「中午十二點過後，猶太人方准入內。」換言之，總得等到大家都交易完了，攤位上只剩爛番茄和萵苣殘葉時，猶太人才能開始做生意。有一次，安娜的媽媽尤莉亞（Julie）不顧規定，上午八點四十就開張了，立刻遭到其他攤商的檢舉。警察罰了她二十五馬克。幸好，來自故鄉的進口生意依舊順暢。在她們柏林的貨架上依舊看得到來自黑海地區的核桃。

怎麼做才能進一步籠絡赫爾米醫生？該不該告訴他水果行也有從阿拉伯地區進口蔬果？安娜的母親尤莉亞只要覺得不安，就會開始話說個不停，她一輩子都在爭取別人的認同。父母親曾對她寄予厚望，送她進音樂學院學鋼琴。但尤莉亞顯然辜負了父母的期望；回到家裡她彈奏的曲子不是知名電影配樂人米沙・斯伯良斯基（Mischa Spoliansky, 1898-1985）的《嗎啡》（Morphium），就是歌詞粗俗、韻腳可鄙的西米舞曲（Shimmy）（例如，「夜裡的威利」，「醉醺醺地被抬回家裡」，或「留著一頭黑色捲髮的孩子」，「和手握初夜權的領主」）。

去年（一九三五年）柏林當局取消了絕大多數猶太人的醫生資格，這讓猶太人，尤其是猶太病人，處境雪上加霜。穆斯林醫師赫爾米的身分頓時變得微妙：他成了柏林唯一一個「非亞利安裔」，卻能在醫院裡擁有正職的醫生，而且他任職的醫院還是城裡數一數二的大醫院——位於莫阿比特區的羅伯特－科赫醫院（Robert-Koch-Krankenhaus）。他的職位之所以珍貴，還在於他成了唯一一個有權取得重要藥品的關鍵人物，比方說治療心律不整的毒毛花苷（Strophantin）和具強大療效的抗生素砷凡納明（Salvarsan）；他不必像失去醫師資格的猶太醫生那樣，只能回頭借助民俗療法。

安娜的祖母對眼前這位嬌客如此殷勤並非出於熱情，而是因為絕望。祖母心知肚明，赫爾米醫生有她們最厭惡的一面。

事後她們說到赫爾米醫生時，不但沒一句好話，甚至無一絲感激。大戰結束，她們在信裡提到他時更是尖酸刻薄地說：「狗娘養的終究是狗娘養的。」

安娜知道祖母從來不是個和善、熱絡的人。所以那個午後的過份熱情和友善才會讓她如此困惑和不安。其實，安娜的母親尤莉亞來到柏林並非出於自願，在家鄉她原本是和開設工廠的猶太商人拉迪斯勞斯・博洛斯（Ladislaus Boros）同居，後來結婚了，安娜的出生更猶如天上捎來的賀禮。但安娜的祖母塞西莉亞當時已移居柏林，她一心一意盼著女兒帶著孫女前來團聚。於是她從柏林雇用了私家偵探，調查女婿的風流韻事。而這名偵探的辦事成效卓著，尤莉亞的婚姻就此注定不幸，最終當然就是以離婚收場。成為單親媽媽的她決定帶著兩歲的安娜，遠赴柏林依親。一切都在塞西莉亞的計畫中。

但穆斯林醫生今天的來訪，鏡廳內聽到的只有：溫柔的殷勤招呼，這令安娜深感不安。匈牙利籍的女廚子端來點心托盤。「千萬別客氣！」兩名女士熱絡地對赫爾米醫生說。這時如果母親再站起來走向鋼琴，像平常她喜歡做的那樣，親自彈琴娛賓，安娜也不會訝異——但這名訪客根本是個陌生人。事後安娜曾酸言酸語地諷刺：剛才怎麼不彈奏匈牙利名曲《諂媚的貓》（*Schmeichelkätzchen*），真是再應景不過！

茶香滿溢

安娜的祖母還清楚的記得那一天。納粹衝鋒隊（SA-Männer）第一次出現在她們的水果行外，口中不斷高喊「抵制猶太人！」「拒買猶太商品！」那是個陰雨綿綿的日子。不一會兒幾個凶神惡煞已經淋成落湯雞。幸好如此，他們不一會兒便撤了。一九三三年四月一日，納粹衝鋒隊的暴行其實另有重點：莫阿比特區的一間醫院。一輛輛的卡車沿著紅磚外牆疾駛而來，這些車隸屬於「衝鋒３３」小組。而這間醫院正是赫爾米醫生任職的地方。

「衝鋒３３小組」（Sturm 33）乃別稱褐衫軍（Braunhemden）的納粹衝鋒隊最具戰力的攻擊手，又號稱「屠殺先鋒」。二十幾名衝鋒隊員從卡車上一躍而下，立刻分頭辦事。他們手持事先準備好的名單，朝醫院的各部門疾步而去。猶太醫生一個個被從診間或手術室裡帶走。

「拜託，先讓我把病人交給其他主治醫師吧！」神經醫學部的主任庫爾特・戈爾茨坦（Kurt Goldstein）教授對站在門邊的納粹衝鋒隊員說，只見對方立刻回罵：「誰都可以被取代，你也一樣！」

納粹衝鋒隊員把猶太醫生全都趕上了大型拖板車。醫生們站在那兒，身上還穿著白色醫師袍。卡車開往帕佩將軍街（General-Pape-Strasse），那裡的兵營現在是褐衫軍的駐紮處。被捕的人一一接受登記，並仔仔細細地做過筆錄。近來納粹衝鋒隊非常享受自己的美名，他們號稱是「助民保警」。接著，每個犯人的手上便拿到了一張流程表，表上一絲不苟地註記著他們的名字和職業內容，彷彿這就是接下來所有遊戲規則的依據。「根據軍事法規所執行的所有暴行，又以帕佩將軍街上發生的，最慘無人道。」德籍猶太作家利翁・福伊希特萬格（Lion Feuchtwanger, 1884 - 1958）日後不勝唏噓地追憶。當晚地窖內便上演了駭人聽聞的凌虐戲碼。衝鋒隊員拿著棍棒，不斷毆打某些醫師，直到他們斷氣為止。

隔天，偌大的醫院變得悄無聲息，彷彿被掏空了一樣。這間醫院的醫生大多是猶太人，足足占了三分之二，突然間他們全失蹤了。醫生大多是猶太人，正是這家在莫阿比特醫院的特色——附近街道滿是坑洞，周圍林立無數的私釀酒廠——放眼望去，旁邊盡是裸露的磚牆、廣告柱子、消防梯和曬衣繩，這幅景象——全世界皆然，一看就知道是貧民區。有位醫生後來追述道：其實這家醫院的沒落，自一九二九年的全球經濟大蕭條起，就注定要被命運「席捲」了。

安娜的祖母對赫爾米醫生的疑慮其來有自，因為她聽說這個埃及人直到一九三六年——褐衫軍大肆搜捕後三年——，還安然無恙地一直留在醫院裡工作。她在心裡默默、一樣一樣地計量著這個人。

「誰都可以被取代，你也一樣！」一九三三年納粹衝鋒隊的狠話言猶在耳，但赫爾米顯然不是那個要被取代的人，而是等在那兒要取代別人的人。

但為什麼剛好會是這個阿拉伯人？安娜的祖母思忖著。柏林的阿拉伯人——只是個很小的圈子，和相較之下為數不少的猶太人，這兩個族群的關係有多緊密？有多少阿拉伯人能來柏林，是受惠於猶太人？數以千計的阿拉伯年輕人前來柏林，因為柏林的大學，吸引不少開羅和大馬士革上流社會的孩子前來就讀。

一九二二年十月，赫爾米來到柏林就讀大學，主修醫學，當時柏林給他的第一印象令人費解：德國人竟然射殺了自己的外交部長瓦爾特・拉特瑙（Walther Rathenau），有史以來第一位猶太裔的外交部長。當時城裡的氣氛相當緊張，隨時可能爆發激烈衝突。赫爾米看見街上有阿拉伯女人頭戴圍巾，身穿罩袍，推著一推車的鈔票；那時柏林景況悽慘，股匯市徹底崩盤。「簡直像推著一推車的千層麵皮，」外國人對柏林當時的印象是，「一馬克突然間像被一股莫名其妙的無形力量所操縱，頓時變成千張大鈔。印鈔機一刻也停不下來。在柏林印鈔廠裡工作的肯定是一群魔法學徒。」這段話同時也代表了：「在柏林，一個月的生活費，十埃及鎊已綽綽有餘。」一名在柏林唸醫學院，並且生活在此已經一段時間的埃及大學生，於開羅的一份報紙上沾沾自喜地寫道。那段時間的匯率對埃及人而言，確實有利可圖到不可思議。尤其是對來自上流社會的富裕小孩，例如，高級軍官之子赫爾米。

姪子們從埃及來訪時，赫爾米不只會帶他們參觀柏林的文化聖殿，例如，自一九二四年起被放在博物館島上供人朝聖的娜芙蒂蒂胸像（Nofretete-Büste），他還會帶著姪兒享受人間美味，亦即巡禮美食殿堂，從著名的豬排到火腿，再到品嚐美酒，可謂百無禁忌。「好孩子，嚐嚐看！」他總是這麼向他們鼓吹，「我可是醫生耶，保證這東西對健康有益。」

阿拉伯留學生在柏林非常受歡迎，大家總是爭相接待。當他們所搭乘用黃銅裝飾得金碧輝煌的臥鋪車廂從義大利南端緩緩駛向北方，最終抵達柏林安哈爾特火車站（Anhalter Bahnhof）時，就會有德國婦女盛裝打扮，前往月台迎接他們。這些來自中東的嬌客大多落腳在選帝侯大道附近最精華的購物區或人行步道區，他們的租金拯救了某些平民家庭的經濟。住在這裡可以將柏林的歌舞劇場、咖啡廳，甚至普魯士警察的圓頂帽等都盡收眼底。許多阿拉伯學生融入當地生活之深，簡直像被寄宿家庭收養了。赫爾米當然也不例外，每個周末都有邀約，不是打網球就是登山，甚至揚帆出海。猶太家庭尤其熱衷對這些中東學子展開雙臂；部分原因是對他們真有好感，部分原因是出於對某種浪漫情懷的嚮往。

猶太女詩人埃爾莎・拉斯克・許勒（Else Lasker-Schüler, 1869-1945）就常喜歡打扮成阿拉伯王子的模樣，在選帝侯大街上散步，除此之外，她更讓自己在詩文中化身為吹奏長笛的烏蘇夫（Yusuf），「微風慵懶的嬉遊於棕櫚間／正午時分沙漠業已天昏地暗。」女詩人在她的著作《希伯來國》（*Hebräerland*）一書中，將名為約瑟夫（Joseph）的猶太人和名為尤蘇夫（Jussuf）的阿拉伯人，塑造成同父異母的親兄弟；寓意著暫時的分離終將再度團聚。

又例如列夫・努森鮑姆（Lew Nussimbaum, 1905-1942），出生於亞塞拜然的首都巴庫（Baku），是猶太石油商的兒子。身為詩人的他以穆罕默德・阿薩德・貝伊（Muhammad Essad Bey）為筆名，其著作乃當時沙龍和酒吧裡文人雅士最愛討論的話題。當他現身選帝侯大道的「狂妄咖啡廳」（Café Grössenwahn）裡舉辦朗讀會時，總是纏著穆斯林頭巾，腳穿燈籠褲，佩戴耳環。

伊斯蘭教教長「伊瑪目」（Imam）和他的助理教長於一九二五年抵達柏林時，最先租給他們房子的正是選帝侯大道上的猶太家族奧汀格（Oettingers）。猶太學者素有研究阿拉伯文化的傳統：改革派的猶太教經師亞伯拉罕・蓋格爾（Abraham Geiger, 1810-1874）在十九世紀時就已經開始學習阿拉伯文，並致力於研究《可蘭經》，如今每當位於威爾默斯多夫區（Wilmersdorf）的柏林清真寺，夜間有聚會時，總能見到無數猶太人出席，人數多到一九三四年的蓋世太保探員，在報告中寫下：穆斯林的禮拜堂乃「選帝侯大道區猶太人的藏匿處和寄居所。」下面甚至註記：「當他們聚在一起時，只要出席者覺得沒有外人在，就會發表一些詆毀國家社會主義和偉大領袖的言論。」可見當時猶太人和穆斯林之間是多麼的開誠布公。

位於威爾默斯多夫區費爾貝林廣場（Fehrbelliner Platz）的這座清真寺，擁有高三十二公尺的兩座叫拜樓，以及風格明顯的圓頂和牆燈，可謂建築上的一座模仿傑作，活脫脫是縮小版的泰姬瑪哈陵，亦即仿效印度阿格拉古城（Agra）裡的蒙兀爾建築風。此建築雖說是由一群一九二五年來自拉合爾（Lahore）的穆斯林傳教士所建，但其實還得力於當時在倫敦國王學院教授阿拉伯語、伊斯蘭法律和伊斯蘭教法的匈牙利裔猶太人戈特利布・威廉・萊特納（Gottlieb Wilhelm Leitner, 1840-1899）的協助。

清真寺的外觀是純白的，裡頭是充滿亞洲風情的繽紛色彩，赭色、紅色、水藍色相映成趣，這樣的風格可能不符合埃及遜尼派，比方說赫爾米這類人一板一眼、充滿理性要求的幾何品味。但對一個曾經參戰，夾克裡還放著鐵鑄十字架，不久前才開始信奉伊斯蘭教的信徒而言，這間清真寺無疑是「一個用大理石打造出來的夢境，一首以閃耀星辰點綴出來的詩。」哈立德—阿爾伯特・塞勒—罕（Chalid-Albert Seiler-Chan）是一名德國的前線戰士，返鄉後改信伊斯蘭教，他就曾經歷過早期穆斯林在柏林無處祈禱時，只能借用特雷普托天文台（Sternwarte Treptow）的屋頂聚會的窘境。

正常的情況下，參觀柏林這座清真寺必須付三十芬尼（Pfennig）。不過一九二〇年代的某些夜晚，柏林的穆斯林喜歡廣邀當地外交官、文學家，和學者出席聚會。眾人的吟誦聲迴盪在綠松石色的窗龕間，只見一名身披喀什米爾羊毛圍巾的男子開始朗誦印度穆斯林詩人伊克巴勒（Muhammad Iqbal, 1977-1938）的作品，並將他類比為德國大詩人里爾克（Rilke, 1875-1926）。四名來自烏拉爾山脈（Ural）的韃靼人為眾人演唱故鄉的民謠，與此同時，清真寺內處處茗茶飄香，並擺放著一盤盤待客的椰棗和糖酥。

「五彩繽紛的地毯上燭火閃爍，這讓原本就亮晃晃的清真寺更具節慶氣氛。」一名德國記者在報上如此描述自己望著清真寺拱頂時的震撼感。那天是一九三一年的一個星期三，穆斯林的齋戒月在這天結束，開齋節（Eid al-fitr）乃一年中最重要的節日。赫爾米已是醫院的助理醫師，這份工作非常辛苦，趁此節日，他剛好可以稍事休息。

但當晚柏林的另一個地方卻充滿了煙硝味。議會裡上演了全武行，不少社會民主黨的議員被共產黨議員抬起來，摔飛到旁聽席。市議會發生激烈衝突，吆喝聲、謾罵聲不絕於耳，這場暴動最後以悲劇收場：一名二十二歲的國家社會黨黨員（納粹黨員）拿出左輪手槍，朝眾人連射了八槍。清真寺裡的氣氛則剛好相反——寧靜而祥和。「大夥兒圍著穆斯林的茶桌而坐，」受邀出席的德國記者心醉神馳地說，「褐色的茶液隱隱散發出調味香料的芬芳，其中還參雜著一股淡淡的花香。」

其實赫爾米一九三一年就該返回開羅了。家人一直催他趕緊回去；畢竟他到德國來讀醫學是家人提供的資金，現在他已經取得了弗里德里希－威廉大學（Friedrich-Wilhelm-Universität）[1]的學位，當然應該即刻返鄉，回饋家族。可惜他在柏林此刻的際遇太好。

1 譯注：一九四九年更名為柏林洪堡大學。

猶太裔的德國政治家兼作家瓦爾特・拉特瑙（Walther Rathenau, 1867-1922）曾針對他於施普雷河畔的故鄉說道，柏林「既是大城市中的暴發戶，也是暴發戶聚集的大城市。」「針對這點我們其實不用自覺可恥，因暴發戶的真正意思其實是：自食其力者。」這番話正好說出了年輕的赫爾米醫生對人生的看法。一旦回開羅，他就必須一切從頭開始，但他的阿拉伯話已經生疏，說著說著舌頭就要打結，甚至還常常辭不達意，這一點從他所寫的阿拉伯文信中也可一窺梗概。赫爾米最終決定違背家族的要求，留在他已經久居的柏林。但這也種下了他和族人之間的嫌隙，尤其是和任高階軍官的長兄；其長兄在家族中享有相當於族長的地位。

赫爾米主修內科，喬治・克倫佩勒（Georg Klemperer, 1865-1946）教授在此領域享有盛名，這位醫界權威留著白色八字鬍、出生在富裕的猶太家庭，其父是作風較自由的改革派猶太教經師，世居布蘭登堡，其弟是知名作家維克托・克倫佩勒（Victor Klemperer, 1881-1960）。克倫佩勒教授當時是莫阿比特醫院的主任醫生，對赫爾米這個埃及留學生印象深刻，因為赫爾米「深具服務精神」。眾所周知，克倫佩勒教授偏愛雇用猶太人，因為他認為照顧猶太醫生是他分內的責任，同時代表了猶太人的團結互助。他總說：別的醫院根本就不會聘用猶太醫生，所以他必須錄用他們。不過赫爾米這個穆斯林青年，這個德國醫界和學術界的邊緣人，顯然也被他相中並納入了自己的小圈圈裡，成了他團結互助的對象。

「你知道阿拉伯醫生和猶太醫生最大的差別在哪兒嗎？」某次教授先生跟同事在聊天時說，「猶太醫生視自己的工作為服務，所以他是僕人，是服侍病人的僕人。但阿拉伯醫生認為自己是司令，所以只會下達命令。」不過，克倫佩勒教授顯然沒有把年輕、優秀的赫爾米，歸類為他不認同的那個族群。他越來越器重赫爾米，「一個致力於泌尿系統研究」的年輕人。克倫佩勒教授曾深表讚賞地寫下他對赫爾米的評語：「他不但精通德語，了解德國的風俗民情，還對德國民眾的思考方式有很深的掌握，所以從沒有病人視他為外國人。」

除了赫爾米之外，還有其他阿拉伯醫大生也同樣獲得了青睞與機會，比方說在柏林婦女醫院（Frauenklinik）跟隨馬克思・希爾施（Max Hirsch）醫生實習的穆罕默德・埃爾・哈達里（Mohammed el-Hadari），和敘利亞醫大生瓦希爾・羅斯朗（Wassil Rasslan），此二人同時是伊斯蘭柏林教區的負責人。赫爾米的主管克倫佩勒教授和各國的醫學中心都有聯繫，從馬德里到莫斯科，可謂享譽國際，主要從事身心醫學（Psychosomatik）和安慰劑效應（Placebo-Effekten）的研究，這在當時乃全新的醫學領域。他手下的那群年輕助理，亦即猶太裔和穆斯林的醫師們，總愛揶揄他為催眠大師：

催眠暗示治百病，
醫頭醫腳，醫全身。
催眠暗示還治錢，
信了保你賺大錢。

這首打油詩是赫爾米的一位醫生同事為了院內狂歡節舞會（在院內的醫師休閒賭場中舉辦）而即興創作的。當時陪在那位同事身邊彈奏鋼琴的，還有他們部門的主治醫生馬克思・萊夫科維茨（Max Leffkowitz）——身材矮小，戴著副圓框眼鏡，頭頂只剩勉強可梳的稀落髮絲，他和另一名猶太醫生阿爾弗雷德・德布林（Alfred Döblin）乃是當時具深紅色彩的醫師自由工會的活動健將。如今已經很少人記得德布林醫生在醫學上的成就，大家只知道他是著名小說《柏林亞歷山大廣場》（*Berlin Alexanderplatz*）的作者。

「你們阿諛奉承你們的領袖，簡直到了要鑽進他屁眼裡的程度，」赫爾米的一位同事對著一名具納粹黨員身分的醫生說，「我敢說，如果那傢伙腸子裡沒有迴盲瓣，你們肯定一路往上舔到從他的喉嚨裡爬出來！」迴盲瓣是介於大腸和小腸之間的括約肌，功能在於避免物質回流。身為內科醫生的赫爾米當然清楚這個瓣膜的功能。赫爾米任職的醫院一直以來，很少有人表示自己對希特勒頗具好感，可是一旦有這樣的人出現，眾人的反應就會非常激烈和尖銳。

但一九三一年四月一日的那場風暴改變了這一切。地窖監獄裡，納粹衝鋒隊員命令主治醫生萊夫科維茨趴在地上爬，像狗一樣吠，然後高喊「希特勒萬歲！」接著更罰他貼壁而站，然後大家像年貨市集上玩射飛鏢一樣，朝他身旁開槍。

幾天後馬克思・萊夫科維茨再度回到醫院，他想來拿離職證明。但一位沒有被迫離職的非猶太裔同事，只是聳聳肩地對承辦人員說：「萊夫科維茨是猶太人，你正好可以乘機好好地修理他。」

那天赫爾米也在醫院。他的個人資料被拿出來放在桌上。當時他才三十一歲，不但沒有像猶太同事一樣被趕出醫院，還被拔擢為主治醫生——這個位置一直以來都是萊夫科維茨所專屬。

赫爾米感到無比驚訝，他完全沒想到院方會把穆斯林的他和那些猶太同事徹底區隔；這些年來猶太同事其實給過他無數幫助，即便莫阿比特醫院一向眾所公認，非猶太裔醫生毫無升遷機會。對於納粹要把搶過來的果實與他分享，赫爾米其實暗中竊喜，他欣然接受了繼續攻讀博士學位的機會——就像納粹衝鋒隊員說的那樣，那些是「終於空出來的位置」，並享有弗里德里希—威廉大學提供的獎學金。新的院方管理者要求他徹底斷絕跟從前的猶太同事的聯繫時，赫爾米毫無異議。多年來和他一起共事的夥伴們目瞪口呆地看著他從他們之中脫穎而出。他即將撇下大夥，獨自高升；褐衫軍的浪潮將他往上推，但同一股浪潮卻把其他人往下吞噬。不知道此時的赫爾米會不會覺得自己像個出賣大家的叛徒？

猶太人和穆斯林談戀愛時有所聞，清真寺內偶有異族聯姻的實例，比方說一九二八年的留學生卡瓦亞・阿伯杜爾・哈米德（Kwaja Abdul Hamid）和他親愛的露芭（Luba）。另外也有猶太人改信伊斯蘭教的例子，比方說藝術家夫妻雷歐波特・魏斯（Leopold Weiss）和艾爾莎・席曼・斯佩西特（Elsa Schiemann-Specht），兩人剛結束一趟中東的漫長旅行，回到柏林後他們搭乘地鐵，靜靜地坐在位置上，對面坐著一名生意人，只見他胸前緊抱公事包，一臉貪婪、僵硬、毫無靈性。他們在這個人身上具體而微地看見了一九一四年到一九一八年，所有歐洲政治弊端所帶來的枯槁與敗壞。這一刻讓他們下定決心要變成——持續成長之穆斯林柏林教區的兩名新成員——穆罕默德・阿薩德（Muhammad Asad）和阿希莎・阿薩德（Aziza Asad）。阿薩德在阿拉伯文裡的意思是「獅子」。

統領一九二〇年代到三〇年代柏林清真寺業務的負責人，其實也是個後來才改信伊斯蘭教的猶太人。鼻下蓄著深色鬍鬚，讓他看起來相當嚴肅，但大大的眼睛，又讓人覺得他稚氣未脫。胡戈・馬庫斯（Hugo Marcus, 1880-1966）是個來自東普魯士的作家，二十四歲就因著作暢銷而聲名大噪。他一直夢想著藉由傳教和宣揚友愛精神來打造一個全新的歐洲，這一點從他的著作取名為《冥想》（*Meditationen*）即可一窺梗概。後來他雖改信了伊斯蘭教，卻仍是柏林猶太教會的信眾。因為他認為這兩個宗教非但不衝突，還非常相似，比方說它們都是明確的一神教，既不需要另外引申出一個天父之子，也沒有處心積慮地致力於擴張教廷勢力。接觸伊斯蘭教讓他更加堅信自己以往的世界觀，並得以接觸到人類史上其他難得一見和繼往開來的偉大思想家。

信奉伊斯蘭教後改名為哈米德（Hamid）的胡戈・馬庫斯，在政治上也非常活躍，他一直希望能夠廢除迫害同性戀的德國刑法第一百七十五條，這條法律在納粹掌權後更是被拿來大肆利用。馬庫斯還固定在內科醫生兼性學專家馬格努斯・赫希菲爾德

（Magnus Hirschfeld, 1868-1935）所創辦的雜誌《性》（*Sexus*）上發表文章，此外也化名為漢斯・阿里努斯（Hans Alienus），為同性戀雜誌《圈子》（*Der Kreis*）執筆。有次他帶著他的性學專家朋友赫希菲爾德前往參觀藝術展覽，為向他介紹猶太女性主義者茱莉・沃夫董恩（Malerin Julie Wolfthorn, 1864-1944）為他所繪的肖像。

專欄作家侏儒妖曾在參觀清真寺時，針對伊斯蘭教女性的角色與地位，向當時的教長阿布杜拉（Abdullah）博士提出過質疑。教長用流利的德文回答說，伊斯蘭教是第一個賦予女性和男性相同權利的宗教。侏儒妖反諷道：「真是笑破人家的肚皮。土耳其女人直到現在才算比較自由，在號稱土耳其之父的凱末爾（Kemal Pascha）大幅削弱伊斯蘭教會的勢力後，女性才算比較自由。」但無論如何，柏林的伊斯蘭教士確實自認為他們所信仰的宗教是：具全球視野、普世精神，且文明先進。

胡戈・「哈米德」・馬庫斯曾在《穆斯林周刊》（*Die Moslemische Revue*）上闡述過猶太教和伊斯蘭教的關聯性，甚至宣稱具血緣關係，他說：啟蒙時代的猶太哲學家史賓諾沙（Baruch Spinoza）「根據其家族背景，可追溯出他與伊斯蘭教不可分割的關係。」「史賓諾沙出生於荷蘭猶太家族，但荷蘭的猶太人其實是一批從西班牙被驅逐的猶太人後裔，他們的祖先曾在伊斯蘭教的統治下，於西班牙過著極為幸福快樂的日子。西班牙的伊斯蘭統治者摩爾人曾樂於和猶太兄弟分享自己的精神寶藏，分享自己高超的哲學思想和科學知識。無怪乎從西班牙被驅逐出來，並前往荷蘭的這批猶太人後裔，在精神活動上會如此活躍，就此而言，他們的祖先真要感謝伊斯蘭教。」

但現在呢？慘遭凌虐的萊夫科維茨醫生於一九三三年帶著妻子離開了德國，前往巴勒斯坦。而克倫佩勒教授去了美國。「很多位置突然空了出來」，爾後當赫爾米醫生談及自己當年突然身居要職，總是搬出這樣的說詞；或許出於自覺可恥，或許出於心虛。

從一九三三年到一九三七年間拍攝的黑白照片中，可以看到赫爾米被一群褐衫軍醫生所圍繞，這些人迅速地遞補了猶太醫生所留下的空缺。照片中的男人彼此緊挨著，站得很近。其中幾個人笑逐顏開，意氣風發，雙手環抱胸前。沒錯，這些新面孔不乏來自納粹衝鋒隊（SA）和納粹親衛隊（SS）的成員。曾經號稱是柏林「最猶太」的這間醫院，一夕之間變成了「最褐色」的醫院。不少同事出身軍旅，比方說曾擔任親衛隊分隊長的海因里希・泰特格（Heinrich Teitge），如今升任為主治醫生，並接替克倫佩勒教授掌管群龍無首的內科一部，和接掌內科二部的赫爾米，成了關係緊密的同事。幾年後，泰特格更晉升成為納粹旗下漢斯・法蘭克（Hans Frank, 1900-1946）主政之波蘭總督府（Generalgouvernement Polen）的衛生部長，專門負責特雷布林卡滅絕營（Vernichtungslager Treblinka）、索比布爾滅絕營（Vernichtungslager Sobibor），和馬伊達內克滅絕營（Vernichtungslager Majdanek）的「衛生設施」。

照片上所有人都穿著同樣的白色醫生袍。即便如此，還是階級分明。因為大家都站著，只有一個人坐著，那人就是：赫爾米醫生，他遙望著遠方，沉靜中帶著威嚴。一個阿拉伯人卻成了一群納粹醫生的領導，這教人難以置信——但這又能維持多久？「主任醫生一科科地巡房時，那架式簡直像上帝，」一個曾在莫阿比特醫院實習的醫學院學生追憶道，「他身邊總圍繞著一大群年輕醫生，大家都拚命地在寫筆記，都想把他講的話全部記下來。」

劃歸「與我同類」

「希特勒萬歲！」這樣的吶喊從旁呼嘯而過，護理長的帽子差點要被震掉。「身穿軍服外罩白色醫師袍的醫生們」昂首闊步疾行在醫院的走道上，「他們根本什麼都不會。」有個護士私底下嘲諷。這些新進醫生的「手術方式完全隨自己高興」，「常搞得病人都快沒命了。」與他們共事的埃及醫生如此心有餘悸地回憶道。

赫爾米心知肚明：一九三三年四月一日納粹衝鋒隊員將他的猶太同事拖出診間時，其實也很想把他扔出去。納粹人事官員稱那次的任務為「猶太醫院的人員淨化行動」，既然如此，當然也不必對他這個「非亞利安裔」的外族人客氣。

絕大多數的納粹黨員對這段出自《我的奮鬥》的看法，耳熟能詳：阿拉伯人是比較低等的，他們所發動的對抗英、法殖民的戰爭根本是一種「跛腳聯盟」。希特勒在書中寫道：「作為一個以種族為依歸，因而不重視全人類價值的民族主義者，我認為那些所謂的『受壓迫的國家』在種族上本就是比較低等的，基於這樣的認知，我絕不會把我族之命運與他們的命運相連結。」納粹理論家阿佛烈・羅森堡（Alfred Rosenberg, 1893-

1946）在他的著作《二十世紀的神話》（*Mythus des 20. Jahrhunderts*）裡更是清楚寫下，樂見歐洲人征服阿拉伯世界。

赫爾米有一位德國女友，名叫艾咪・恩斯特（Emmy Ernst），在醫院擔任醫生助理。每當她挽著赫爾米的手走在柏林街頭，總會招來無數白眼。雖然赫爾米穿著體面，並且非常紳士地戴著帽子，但女方很明顯比他年輕。其實，阿拉伯留學生因追求德國女人而被打，這樣的事時有所聞。一九三四年二月，在杜賓根（Tübingen）的留學生福阿德・哈珊納因・阿里（Fuad Hasanayn Ali）就曾在一家咖啡舞廳裡，被人指著鼻子罵：「黑鬼，低等民族……你根本沒資格跟德國女人跳舞！」

赫爾米的女友生性樂觀，喜歡接觸新事物，外出時會佩戴貴重首飾，穿上緊身外套，這讓她看起來精神奕奕，充滿自信。即便在那段最恐怖的時期——女孩會被剃光頭髮遊村示眾，胸前掛著牌子「我是地方上最齷齪的母豬，只配跟猶太人同流合汙」——赫爾米的女友依舊非常勇敢。

一九三五年納粹政府頒布的《紐倫堡種族法》（Die Nürnberger Rassengesetze，又稱《紐倫堡法案》）猶如一張天羅地網，企圖要把他們打算謀殺的對象一網打盡。赫爾米驚訝地發現，穆斯林竟不在他們的迫害之列。游泳池原先的告示寫著：「異族禁入」，不久之後竟改成了更精確的措辭：「猶太人禁入」。阿拉伯各國在柏林的使館原先都非常緊張，現在全鬆了口氣。之後納粹的司法部門又開始研擬「血統褻瀆」（Blutschande，或稱種族汙染〔Rassenschande〕）的條文與刑罰，赫爾米和艾咪為此憂心忡忡。幸好情況與游泳池的告示一樣，是虛驚一場。

希特勒政權的司法專家認為若以「血統純正」為依據，那麼只有歐洲人算得上是德國人的同類。另外，土耳其人也勉強算得上，因為他們在第一次大戰時與德軍是盟友。但是像赫爾米這樣的阿拉伯人呢？對希特勒的官僚而言，近東和中東民族基本上都是令人無法接受的低等民族——一九三六年六月十四日瑞士《時代》（*Le Temps*）雜誌，根據納粹政府內部的可靠消息做出以上披露。同年同月報上的標題更聳動地寫著：埃及人在德國的地位將與猶太人看齊。幸好德國外交部立刻發文澄清，並保證種族法適用的對象僅限猶太人，德國境內的穆斯林請勿擔心。

「與我同類」或「非我族類」——就邏輯上來講，納粹政府必須做出決定，阿拉伯人如果不是「與我同類」就只能是「非我族類」，因為根據紐倫堡法案，不可能有第三種選項。這讓納粹司法專家陷入長考，只可惜再怎麼繞也繞不出納粹種族學說的兩難邏輯。一九三六年七月一日，各部會首長齊聚外交部，經過通盤考量與討論後，最終決

WOCHE

這對「異族情侶」總是受盡白眼：赫爾米和他的德國未婚妻艾咪於柏林街頭。

定：阿拉伯人雖非「與我同類」，但還是必須把他們跟歐洲人放在「同一位階」。

於是，像赫爾米這樣的阿拉伯人不必遭受猶太人般的對待和命運。這同時也代表了：赫爾米不必再隱藏自己和艾咪的關係，除此之外，當身邊所有猶太同事流落街頭或慘遭凌虐時，他竟還大受重用。納粹的戰略是拉攏穆斯林，讓他們嚐嚐甜頭，所以醫院新上任的褐衫軍領導無論再怎麼不情願，也只能拔擢赫爾米為主治醫生，並讓他出掌一個部門。

納粹戰略家的種種籌謀，部長辦公室裡的戰爭計畫，這些因素讓褐衫軍不敢輕舉妄動。此為赫爾米於一九三三年初突然被大力拔擢的背後原因：赫爾米升任主治醫生，就像他的上司在一九三四年的醫院紀錄裡寫下的，「乃根據外交部和（埃及）大使館的行文，此項人事命令有助於德國在海外的利益，因此樂觀其成。」即便納粹衝鋒隊其實很想剷除掉這些阿拉伯人——但最後還是不敢造次。

說穿了，這一切全是算計：納粹政權想要在政治上拉攏穆斯林世界。即便納粹理論家阿佛烈・羅森堡認為，伊斯蘭各重鎮都充滿了好戰精神與氣氛，嚴重地「受到穆罕默德偏激精神的影響」，即便如此，納粹帝國仍想要善加利用。納粹戰略家此時的考量重點全擺在為下一場戰爭做準備，所以必須爭取與歐洲周圍國家結盟，穆斯林成為了他們對抗世仇法國和英國的最佳盟友——與此同時，巴黎政府和倫敦政府當然也在積極拉攏中東政權，比方說，突然間提供豐沛的資金，援助各清真寺的財務。

伊斯蘭教和猶太教之間有許多相似之處，例如，飲食規範和行割禮，這些原本是很多報章雜誌，例如，《先鋒報》（*Der Stürmer*）喜歡拿來大做文章的內容，但現在起這樣的謾罵不再見容於當局。希特勒的宣傳部長戈培爾（Joseph Goebbels, 1897-1945）對所有的報章雜誌發出了警告，不准他們再發表詆毀穆斯林的言論，不僅如此，還要大力頌揚伊斯蘭教是反布爾什維克主義（antibolschewistisch）和反閃族主義（antisemitisch）的宗教。不久之後，納粹更是完全不再使用「反閃族」這樣的字眼了，因為這對阿拉伯人是一種冒犯；「閃族」一詞會讓阿拉伯人自覺也被指涉其中。

閃族的概念其實來自於語言學。希伯來語和它下面的兩個分支，亞拉姆語和阿拉伯語都隸屬於閃族語；即便如此，使用這些語言的人也不一定就是閃族。所以從一九三五年起，納粹官方一律採用「反猶太」一詞。原本被政府定名為「反閃族行動」的政策也改名為「反猶太行動」。戈培爾更下令從此報上禁用「反閃族主義」一詞。

艾咪老愛揶揄自己的未婚夫比德國人還要德國人，因為赫爾米不僅非常守時，還講求精確，一絲不苟又嚴肅，身上穿的永遠是深色大衣，出門開的則選賓士。此外，受到艾咪影響，赫爾米也開始喜歡狗。艾咪還建議他把名字穆罕默德，改成兒時的暱稱「莫哈德」（Mohd）。目的在於不要讓大家一提到他，就聯想到可蘭經和穆罕默德。「穆罕默德」在阿拉伯世界是個再普通不過的名字，但在德國卻是個刺耳的名字，刺耳程度幾可媲美「耶穌」，都具有宗教狂熱的意味。於是赫爾米的名字從穆罕默德變成了莫哈德，戰後更簡化為「莫德」（Mod）。赫爾米開始盡可能地使用莫哈德這個名字，無論是博士論文，或新辦證件，或往來書信，他一律自稱莫哈德，但是在官方的資料上，不論是埃及或德國，他的正式名字並沒有變，仍然是穆罕默德。

或許赫爾米曾試圖要順應新的政治潮流，想在其中安身立命——至少有一小段時間確實如此。到了一九三四年，醫院高層依舊對他寫下這樣的評語：雖身處眾多空降的納粹衝鋒隊員和親衛隊員之中，卻完全沒有給大家帶來任何困擾。大家都認為赫爾米是個識時務者，身段極為柔軟靈活。他們在描述他時總說，「赫爾米醫生雖是外國人，在行為上卻完全是德國人的思考方式。」此外，他「更積極參與所有的黨國活動，不但盡可能地參與，參與方式還令人由衷讚賞。」

肆無忌憚

赫爾米其實很樂於配合。但面對這幫新同事，他真的不知道自己該怎麼配合？他簡直嚇壞了：為數眾多的病人在接受了最常見的盲腸切除或膽囊切除手術後竟接連死亡，這種事以前根本不會發生。新進的褐衫軍醫生總愛批評病人很愚蠢，但他們自己的表現卻是「蠢到無以復加」，一名助理醫生後來忍不住嘲諷。

有關一九三三年醫院聘用新進醫生的標準，納粹衝鋒隊內部的紀錄寫著：「經過堅毅的奮戰後，終於攻破了這座打著自由主義—馬克思主義之猶太堡壘的城牆，打贏這場仗的戰士們被安插到國家各新建部門的崗位上……但這也就犯下了一個常見的錯誤，那就是認定衝鋒隊員一定能具備某些特殊的專業知識和經驗……這樣的認定，絕大多數根本不符期待……」

此人事政策所導致的後果，以外科部門最為嚴重，且一目了然。外科的新主任原本是運動醫生，他最重要的得力助手是主治醫生庫爾特・史特勞斯（Kurt Strauss），此人原本是納粹親衛隊突擊隊的大隊長。「這傢伙真的什麼都不會，」有位護士後來追憶道，「史特勞斯根本不會開刀。」他甚至因一時疏忽，把病人的腸子縫在腹腔壁上，導致病患死亡。另外一次是有個病人誤吞了一根湯匙，他要打開胃部取出湯匙時竟然只做了局部麻醉，於是每一刀劃下時，還有每一針縫合時，都能聽見病患痛苦哀號。由於病人實在太痛，史特勞斯竟然沒有把腹部完全縫合，只是隨便包紮便了事了。這名病人是個政治犯，目前仍在拘留中。隔天這位親衛隊的外科醫生來巡房時，竟拿個鑷子來回戳弄病人發炎的傷口，並說：「你應該很快就能投胎，當個改邪歸正的好德國人了。」

根本是虐待狂。赫爾米忍不住批評道。每當年輕、沒有經驗的褐衫軍醫生對病人做出不當處置時，赫爾米總會加以指正。「他從不畏懼在病人或護理人員面前給德籍醫生難堪。」一名納粹主任醫師忿忿不平地在醫院紀錄中寫下。很多時候醫院都是政治的豁免地，可自外於意識形態的爭議。但此時此地，赫爾米卻必須具有政治敏感度。

如果一開始他對褐衫軍的醫生們還有一點尊敬與好感的話，那麼現在已蕩然無存。如果說過去他在面對那幫國家社會主義者時，確實帶有一份知識分子的優越感，那麼現在這份優越感已倍增了千百倍。醫院目前的情況讓他越厭惡，他就越懷念過去那段猶太醫生和穆斯林醫生合作無間的日子，那段時光已結束於一九三三年的輝煌時期。

柏林的穆斯林圈子儼然是一個由知識分子組成的世界：柏林清真寺的分支機構《穆

斯林周刊》曾驕傲地報導過，科學家愛因斯坦（Albert Einstein, 1879-1955）、哲學家馬丁・布伯（Martin Buber, 1878-1965）、神學家馬丁・尼莫拉（Martin Niemöller, 1892-1984）、知名作家托馬斯・曼（Thomas Mann, 1875-1955），和赫曼・赫塞（Hermann Hesse, 1877-1962）都來參加過柏林清真寺所舉辦的活動。「當我正在計算時，剛好看見一隻小蟲子從我面前的紙張飛過，」一九五二年愛因斯坦在一封信中寫道，「一種感覺油然而生：阿拉真是偉大啊，渺小愚蠢如吾輩者，竟然能揭櫫如此浩瀚輝煌之科學。」這段話雖然無法代表曾造訪過清真寺的愛因斯坦，對伊斯蘭教認同，卻足以彰顯他對伊斯蘭教的好感與敬意。

大家嚮往的不僅是古老的東方，還有宗教上曾有過的和諧與包容。「巴格達的人們興致勃勃且求知若渴地閱讀著亞里斯多德和柏拉圖的著作。」《穆斯林周刊》上的一位作家滿心嚮往地描述著十世紀位於巴格達的哈里發國（伊斯蘭國），「借助歐幾里得和托勒密的理論來研究數學與天文學，借助希波克拉提斯和蓋倫」——古希臘時代解剖學先驅——的方法「來救難於病床邊！」赫爾米的教授們所秉持的，也是這種兼容並蓄的美好精神。一九二九年六月他們在柏林夏里特醫院（Charite）裡歡慶阿拉伯醫學先驅阿布・卡希姆（Abul-Kasim）的千歲冥誕，同時也向受邀出席的穆斯林貴賓們表達珍視對方醫療傳統的美意。當天贊助咖啡的是咖啡烘焙商「摩卡」（Mokka），其老闆恰巧也叫哈米德・阿布・卡希姆（Hamid Abul-Kasim）。

入夜後大家常在各文化據點碰面，無論是輕鬆的社交場合，嚴肅的討論聚會，或課堂，或演講，甚至一起出席音樂會。某些討論場合的氣氛偏向保守，某些又自由奔放。某些人熱愛發表激烈的反殖民主義言論，某些人態度又異常保留謹慎。大家彼此形成良性競爭，信心滿滿地暢所欲言、盡情批評，甚至競相出版讀物。柏林當時的穆斯林雜誌可謂百花齊放，朝氣蓬勃無比，且絕大多數是以德文印行。

他們在柏林卡爾克羅伊特街（Kalckreuthstrasse）的東方俱樂部裡高談闊論、熱烈爭辯，在法薩能街二十三號（Fasanenstrasse 23）的伊斯蘭研究中心附設酒吧裡盡情跳舞。此研究中心鋪著古色古香的原木地板，加上用大理石打造的壁爐，原本可以被視為一處典型的歐洲古典紳士俱樂部——如果出資者不要請人在牆上畫蛇添足地繪上金字塔、棕櫚樹還有駱駝的話。這棟建築最早是德意志皇帝個人為阿拉伯貴賓所建。數十年過去，那裡變成了著名的「柏林文學之家」（das Berliner Literaturhaus），如今此藝文中心仍在原址。

赫爾米在柏林的那段時間，那棟建築物變成了伊斯蘭學生會（成立於一九二四年）

被納粹醫生所環繞的穆斯林——赫爾米，於柏林莫阿比特醫院。

的聚會場所；學生會曾針對盛行於當時，充滿種族歧視的人種博覽會（Völkerschau）提出過嚴重抗議。但動物園很愛藉這種人種秀來大發利市。對此現象，報上曾有評論家感嘆道：「毫無疑問，柏林市民很樂於貢獻一己之力，來消耗此間東方人對歐洲人原本具有的敬意。」

褐衫軍醫生有時會在背後詆毀赫爾米：這傢伙「只是個外來者，德文說得一塌糊塗，更別提完全沒有以德文書寫的能力。」不過，這些詆毀當然是胡說八道：赫爾米的德文信寫得極為優異，口語更是毫無口音。威瑪時期他曾師事柏林最有名的德文教授，不僅如此，在埃及時他所就讀的也是最頂尖的一流學校。

赫爾米家族的男人清一色是軍人，所以他比大多數納粹衝鋒隊的醫生更懂得如何展現威嚴。高中畢業於吉薩（Gizah，隸屬開羅都會區的一個城市）的聖迪亞中學（Saideya-Oberschule），這間學校掛著的校友照片，不是埃及各部會首長就是位高權重的軍官將領。

赫爾米在柏林的周末，從來不是在「啤酒教堂和香腸皇宮」裡度過的——被射殺的猶太裔外交部長瓦爾特・拉特瑙曾如此戲稱柏林的周末——，而是在書堆裡，或在霍亨索倫達姆街（Hohenzollerndamm）的網球場上度過的；在這裡可以遇到柏林清真寺的年輕教長穆罕默德・阿布杜拉博士和他的印度籍夫人，周末時他們也都會來這裡打球。

新的管理者和醫生群讓莫阿比特醫院的名聲一落千丈。甚至連救護車司機都會忠告病人，要開刀千萬別去那裡，寧願到別家醫院。連赫爾米所掌管的內科，自家同事也開始不信任自家同事了。每當內科醫生需要把病人轉介到外科時，他們寧願送到別家醫院也不願意交給惡名昭彰的院內外科醫生史特勞斯。即便如此，史特勞斯還是不會沒工作，他很快便接手了遺傳健康法庭（Erbgesundheitsgericht）交付的任務。當局把他們認定有遺傳缺陷者交給了納粹親衛隊的外科醫生，進行強制節育。

有一次他們送來了一個被教養院收容的十六歲少女，原因竟只是：「她總愛跟男孩子廝混到很晚，喜歡流連聲色場所，跳舞，喜歡穿引人側目的衣服……由於她缺乏必要之教養，導致心靈發展低落，所以對自己的偏差行為並不具備自省能力，但也因此令其本能生活益發顯著。」史特勞斯醫生在國家的委託下，讓女孩喪失了生育能力。光是一九三四年到一九三五年，就有大約四百位女性在接受這種強制節育手術後命喪醫院。

赫爾米完全不掩飾自己的厭惡，為了不想跟愚蠢的新主管、納粹黨員赫爾穆特・丹寧（Helmut Dennig）共事，他自請調離原職，並加入了「齊家軍」——大家戲稱由主任醫生威廉・齊恩（Wilhelm Zinn）領軍的醫生群為齊家軍。齊恩醫生其實是個作風自由的瑞士人。

只可惜齊恩醫生的職位不久之後也被納粹黨員維爾納・齊柏爾（Werner Sieber）所取代，赫爾米被迫再次面對相同的問題。國家社會主義者齊柏爾批評赫爾米，「一開始共事的時候雖然沒什麼問題，但不久之後就會陸續聽到其他同事抱怨他太傲慢、自以為是，並且不合群。」

醫院裡的褐衫軍主管們開始無所不用其極地想剷除赫爾米。單寧主任醫生開了第一槍，他言之鑿鑿地說赫爾米是個「不折不扣的東方人。」他這麼說當然不是在褒獎赫爾米具有異國風情。「作為一個東方人，赫爾米醫生完全不適應德國醫生必須遵守的規範、紀律，和對這份職業的認知。所以我們有充分的理由認為，不該把德國人民的健康交給他來照料。」不久之後赫爾米更學到了一個新名詞，一個種族主義的新標籤。為區分穆斯林和猶太人，納粹的偽種族學發明了一個專屬於穆斯林的新名詞，以對應指稱猶太人的「閃米特人」（Semiten，閃族）。

先知諾亞（Noah）有三個兒子閃（Sem）、含（Ham）、雅弗（Jafet）。根據《創世紀》裡的記載，所有人類皆源自於他們。赫爾米的一位年輕同事——同樣是軍人出身——在醫院裡創造了一個新名詞：他偷偷背著院內主管，一個診間一個診間地請醫生們簽署一份請願書。請願書的內容是：大家絕對不能再坐視不管，換言之「不能再讓赫爾米醫生，一個含米特人（Hamit，含族），診治德國女人了。」

一九三六年當他接到安娜祖母——亞歷山大廣場上之水果大盤商——的電話時，這個一度被視為前途無量的赫爾米醫生，在醫院裡的處境其實已經相當艱難。因為他這個「含米特人」竟擺出某種挑釁姿態——他開始明目張膽地幫猶太人看病，完全不理會反猶太同事們的觀感。赫爾米總願意撥冗為猶太病人看病，甚至坐上車，前往病人的家中問診，而且還是在上班時間。從他出現在安娜家那天開始，此後他便固定時間前往她們家看診。

由於納粹寄望穆斯林可以和他們結盟共同對付猶太人，所以身為主治醫生的赫爾米擁有許多特權。但赫爾米並沒有理會納粹的種種政治暗示。他完全以另外一種方式來行使自己的特權，那就是：反過來幫助猶太人。這就像是他對那幫納粹衝鋒隊醫生的另類報復。他們不該強迫這個比他們優秀的穆斯林向他們低頭。赫爾米之所以會幫助猶太人原因有二，除了是為了報復納粹同事之外，這同時也是一種知識分子的自保之道。

他不只幫猶太病人解決身體病痛和呼吸道問題，他還協助他們與納粹的種種法規周旋。例如，幫猶太病人藏匿珍貴物品，以規避政府不斷頒布的各項強徵猶太人稅金的新法。至於安娜的祖母，赫爾米醫生則是幫她匯了兩百英鎊到國外，並從中賺取八百美元的佣金，或者其他時候則是接受珠寶餽贈。

每當有納粹同事刁難他，赫爾米會毫不示弱地反擊：沒有人能把他從主治醫生的位置上拉下來，因為只要他們膽敢這麼做就會招來政治報復，導致外派至埃及的德國醫生遭受刁難。此乃事實，並非大話：納粹外交部確實站在赫爾米這邊，並且一直試圖安撫他的情緒。或許納粹政府的確忌憚埃及政府的報復。有一點絕對沒錯：納粹寧願籠絡穆斯林世界，也不願意惹怒對方。不管褐衫軍同事對赫爾米如何咬牙切齒，納粹外交部都持續袒護他。這一切代表的意義，赫爾米心知肚明。

醫院主管恨不得立刻把赫爾米趕出醫院，但政府高層卻一再指示他們「基於外交考量」，一定要善待穆斯林。即便醫院裡發起連署，納粹醫生們強烈表達：再也無法忍受「赫爾米醫生，一個含米特人，診治德國女人。」但政府高層還是明確指示：跟穆斯林世界維持良好關係才是更重要的考量。

不過赫爾米的行為確實有點誇張，雖然戰後他總愛沾沾自喜地把自己當時的肆無忌憚拿出來說嘴。他自述，「我說希特勒根本是個失能的癱瘓者。」甚至當著那幫納粹醫生的面說，「衝鋒隊總指揮赫爾曼・戈林（Hermann Göring）是短視又自大的吹牛王。」每次有人衝著他喊：「希特勒萬歲！」他只會冷冷地回答「早安！」不管是在走道上或會客室內。

只有一個地方例外，赫爾米一臉促狹地追憶，「只有進廁所的時候。」上廁所時，連他這個穆斯林都很樂意大聲呼喚希特勒。

「立刻逮捕！」

赫爾米住的那棟樓房位於柏林莫阿比特區克雷費爾德街七號（Krefelder Strasse 7），一樓是猶太菸草商馬庫斯・列瑟爾（Markus Lesser）的店面。店面的樓上住著科尼策一家人（Conitzers），亦即太太格特魯德（Gertrud）和先生阿圖爾（Arthur），以及他們的女兒烏蘇菈（Ursula）和露絲（Ruth），和他們比鄰而居的就是赫爾米。這棟房子的屋主是來自倫貝格市（Lemberg）的猶太酒商夫婦卡洛琳・克拉格（Caroline Klag）和法伊布希・克拉格（Feibusch Klag）。但現在被納粹政府用來實施「聚居政策」（Verdichtungsmassnahme），換言之：房子常會有陌生人搬來一起住，因為那些人原本的房子被政府徵收走，所以被安排住到這裡。

比方說原本住在阿同納爾街（Altonaer Strasse）的柯尼斯堡單身女郎艾爾娜・孟德爾頌（Erna Mendelsohn），她的房子就被政府徵收了。又或者原本住在柏林普倫茨勞爾貝格區（Prenzlauer Berg）的製帽廠老闆女兒格特魯德・波貝爾特（Gertrud Bobert），一九三五年種族法開始實施後，她的非猶太裔公務員丈夫就跟她離婚了，她頓失所依。許多人陸續搬來後，屋子變得很擁擠。大家都必須和其他人共住，唯有赫爾米無須和別人分享自己的公寓。因為猶太人必須搬去跟猶太人同住。即便如此，赫爾米也親眼目睹了周遭的猶太人從頭到尾的生活驟變。

赫爾米的醫院同事，無論是衝鋒隊員或納粹黨員，終於如願以償地把他趕出醫院了，整個過程既沒有劇烈衝突，也沒有嚴重拉扯，只是在行政流程上花了點小功夫。赫爾米的聘書於一九三七年六月三十日到期，院方沒有再延長聘期。赫爾米也許比他們聰明，但他們卻是院裡的大多數。所以赫爾米得開始自謀生路——他在他克雷費爾德街的公寓裡開始自費看診；也就是菸草商列瑟爾家的樓上，科尼策一家人和孟德爾頌小姐的隔壁。

赫爾米後來自稱，他當時是「偷偷開業」，並且由他的德國女友艾咪擔任助手。不過，就像從前莫阿比特醫院的猶太醫生接納他這個穆斯林進入猶太圈子，現在彷彿當作回報，他也在這棟「猶太」公寓裡聘用了一名猶太少女當作助理。

安娜，來自亞歷山大廣場的少女，如今已經十四歲。她的願望是成為小兒科護士。她去過郊區的一間猶太孤兒院，她的好朋友雷吉娜・布勞爾（Regina Brauer）在那裡受教育，可惜後來布勞爾死於納粹謀殺。蓋世太保下令關閉了那間孤兒院。猶太教會通知安娜的母親，其他猶太教育機構應該也都會面臨相同的命運。戰後安娜追述道：「我們這些猶太小孩在學校、在外面所遭受到的欺侮、羞辱和迫害，真的一輩子也說不完、數不盡。」安娜被迫轉學到另一間猶太學校，這間學校的操場四面都是牆，並且緊貼著位於奧拉寧堡大街（Oranienburger Strasse）的猶太教堂的背面。這是一間金碧輝煌，圓頂裝飾有美麗圖案的摩爾風格教堂。其實非常美好，只不過到了她八年級和畢業前的最後一年時，也就是一九三八年十一月九日[2]之後，教堂內部受到嚴重破壞，頓成焦土，訪客再想入內就得冒著被斷垣殘壁壓傷或碎玻璃割傷的危險了。

打從一開始，赫爾米就很欣賞安娜既不做作又務實的個性，跟她情緒化的生意人母親和祖母很不一樣。安娜機靈又能幹。赫爾米教導安娜如何使用顯微鏡觀察血液和尿液。另外，由於安娜是猶太人，所以不能為「亞利安」病人提供服務，這一點對赫爾米也不造成困擾。畢竟會來造訪赫爾米公寓的病人，絕大多數都是不能去別的地方看病的人；換言之，主要來的都是猶太人。

2 譯注：一九三八年十一月九日至十日凌晨，納粹對全境猶太人發動襲擊，史稱「水晶之夜」（Kristall-nacht，或「碎玻璃之夜」），並揭開了納粹對猶太人有組織地迫害及屠殺的序幕。

戰後安娜曾說過，赫爾米醫生也幫助過科尼策一家人，還有歐彭海默爾（Oppenheimer）和本納茨基（Benatzky）兩家人；這兩家人是從動物園附近的克洛普施托克街（Klopstockstrasse）搬過來的。據說：赫爾米不只是以醫生的身分幫他們看病，還私下協助他們逃避納粹的種種迫害，方法好像是——安娜在戰後旁敲側擊地暗示——透過提供非法證件？

有一件事是確定的：就像在羅伯特─科赫醫院任職時一樣，赫爾米現在雖自己開業，但不管是過去或現在，納粹給予他的自由都令人驚訝。有次外出看診後，他讓安娜先回診所，自己則一個人步行至位於威廉大街的外交部。他爬樓梯上到頂樓，他要造訪的是曾派駐中東的外交官維爾納・奧托・馮・漢蒂西（Werner Otto von Hentig），一個作風老派的菁英貴族。

赫爾米向他抱怨：醫院高層用這種方式來扼殺他的職業生涯，真是可恥，簡直是醫界醜聞。他要求會見赫斯兄弟；能見希特勒的副手，副元首魯道夫・赫斯（Rudolf Hess）最好，如果不行，至少要讓他見到魯道夫的弟弟阿爾弗雷德（Alfred），也就是派駐開羅之納粹海外組織副主席。

一臉錯愕的中東外交官客氣地回問赫爾米：不知他從莫阿比特醫界聽到的傳聞是否

為真——聽說赫爾米到處跟人講副元首魯道夫・赫斯其實是個愚蠢的白癡？

沒有，絕對沒有，赫爾米激動地反駁，自己絕沒有說「赫斯是個白癡，或許有說過他功課不好，但絕沒有說過他是個笨蛋。」這真是個天大的誤會，所以他必須跟赫斯當面解釋清楚。

不知道當時的外交部官員們會不會覺得很奇怪：這個年紀不到四十歲、專攻腎臟和膀胱治療的埃及年輕人，是不是太傲慢無禮了，要來見外交官竟然不先預約？還是官員們自忖：這傢伙表現得如此自信又刁蠻，會不會有什麼顯赫的背景？或許連這些外交官都不十分清楚為什麼要這般縱容他。總之，納粹政府當時的確非常重視和整個阿拉伯世界的關係，尤其是英國的「保護國」埃及，戰爭正式開打後更是如此。所以，即便納粹外交官對赫爾米的家庭背景其實所知不多——只知道他們家是開羅的軍官世家，爸爸官拜少校，哥哥也是軍人——即便如此他們依舊對他禮遇有加。

希特勒的副手赫斯和他的弟弟，兩人確實是在埃及長大。他們的父親是德國商人，兄弟倆在埃及亞歷山大港度過了童年，魯道夫・赫斯甚至說過。那裡是充滿美好回憶的「小小天堂」。赫斯和赫爾米很可能在柏林曾巧遇過。因為希特勒的這個副手是名疑病症（Hypochonder）患者，他經常進出莫阿比特醫院；這間醫院當時成了納粹菁英最鍾愛的就醫地點。赫斯會說一點阿拉伯文。據說赫斯的父母曾因為這件事而勃然大怒：兒子們竟然從亞歷山大港的僕人口中，學會了罵人的埃及髒話。

赫爾米雖強烈否認，但惡意中傷者仍言之鑿鑿地指證：赫爾米真的說過他跟赫斯在埃及上過同一所小學，並且說赫斯「是個笨蛋，或說過類似的汙衊。」不過話說回來，不管赫爾米取笑的是希特勒內閣裡的哪位官員，是笨蛋學生赫斯，或「癱瘓者」希特勒，或「吹牛王」戈林，不管他取笑的是誰，真有差別嗎？反正赫爾米早就下定決心，即便牴觸法律，也要幫助他的猶太鄰居、病人和朋友。在納粹外交部對他百般縱容的那幾年，他總是肆無忌憚地在公開場合說些不得體的話，似乎無所畏懼。他挑釁得就像沒人能拿他怎麼樣一般。這肯定讓不少納粹官員留下了深刻的印象。赫爾米——顯赫的埃及軍官之子——很懂得用什麼樣的強硬語氣跟納粹周旋。對此，納粹的中東外交官維爾納・奧托・馮・漢蒂西完全莫可奈何。

但赫斯兄弟的態度就不一樣了。阿爾弗雷德・赫斯非常惱火。他命令柏林的蓋世太保「鎖定那人為頭號目標」，「赫爾米這傢伙」，這個埃及人，竟敢如此嘲笑我們，「絕無可能將他視之為善類。」阿爾弗雷德・赫斯甚至表示，只要有需要，「他隨時願意」，「為處理這傢伙的問題挺身而出。」後來就連他哥哥，希特勒的副手魯道夫・赫斯，都開始「親自」關注赫爾米這個開診所的醫生了。正如外交部的內部文件所註記的，「根據副元首的特別指示」，上面寫著，「應進一步取消穆罕默德・赫爾米醫生的執業機會。」

弟弟阿爾弗雷德・赫斯也剛好從埃及逃亡回柏林。一九三九年九月，戰爭爆發後，人在開羅的阿爾弗雷德被英國政府拘留數日，之後——乘機偷渡回國。回到德國後，他在柏林街頭巧遇赫爾米。赫爾米還跟他寒暄了一下——這令他暴怒不已。

怎麼能讓這種事發生？德國人在開羅得被捕，但像赫爾米這樣無恥的中東人卻可以大搖大擺地在柏林街頭閒逛！阿爾弗雷德・赫斯氣急敗壞地衝到外交部，對著國務祕書恩斯特・馮・魏茨澤克（Ernst von Weizsäcker, 1882-1951）——也就是後來的德國總統里夏德・馮・魏茨澤克（Richard von Weizsäcker）[3]的父親——怒沖沖地質問：怎麼可以這樣？

那天是星期六。恩斯特・馮・魏茨澤克從家裡打電話給外交官維爾納・奧托・馮・漢蒂西，請他立刻回到部裡開會：快！馬上！立刻！十五分鐘後大家齊聚外交部。他們

3 譯注：一九八四—一九九四年擔任德國總統，也是一九九〇年兩德統一後的首任總統。

接到的指示是：有鑑於德國人在英國所轄之埃及、巴勒斯坦和南非遭到逮捕，以為反制，「應立刻逮捕上述三國人民約十人。」赫爾米，那個討人厭又自大，並且拿魯道夫・赫斯小學階段來開玩笑的外國人，該名列第一，乃列為立刻逮捕的對象；在交付給執行者的文件上，蓋著斗大的字樣：「最速件」。

不抱希望了——隱身於世

赫爾米開車經過時，一樓的水果行沒有了，再也見不到一箱箱的桃子和草莓，唯一剩下的是晦暗的玻璃窗。他走進這棟熟悉的房子裡，一棟三層樓公寓，上樓時腳下的階梯發出喑啞的嗚咽哀鳴。這一年是一九四二年，距離他第一次造訪，也就是第一次幫安娜的祖母看診，已經六年。他被蓋世太保逮捕，監禁月餘，最後保住了性命，並且無罪釋放，這件事也已經過去兩年了。

這房子已不復原來的模樣。沙發、波斯地毯，連被安娜祖母硬稱作「鏡廳」裡面的牆鏡，所有能賣的東西全賣了。屋內景況悽慘，空蕩蕩，亂七八糟。

不過赫爾米也不太一樣了。一九三九年秋，開戰後不久，赫爾米就被蓋世太保逮捕，從那以後她們也沒再聽到過關於他的消息。這次再見面，安娜一家人覺得他有些奇怪。赫爾米看起來竟豐衣足食，景況不錯。他顯然經濟無虞，擁有足夠的錢。他自己的解釋是：沒錯，政府重新給他開了家診所，甚至比他之前的還好。他不必自己承擔任何風險，診所的地點絕佳，位於夏洛騰堡的高級地段。赫爾米唯一需要配合的就是「現身」，病人自己會找上門，並且等在那裡。

既被逮捕，那他又是怎麼被釋放的？對此赫爾米並未給出具體的回答。安娜的祖母一肚子狐疑地看著赫爾米。但無計可施的絕望處境，讓她還是決定求助於他——赫爾米這個老朋友，即便她滿腦子疑慮。

一九四一年十月十八日，驅逐猶太人的行動在柏林全面展開。一九四一年十二月二十一日，猶太人被禁止在公共場合使用電話。一九四二年二月十七日，猶太人被禁止購買報紙和雜誌，並且不得進入「亞利安人」開設的理髮店。一九四二年三月五日星期四，安娜的祖母已無路可退，因為她收到蓋世太保的一封通知書，收信人是「塞西莉亞・莎菈・魯德尼克女士」（Cecilie Sara Rudnik），這是當局對她的正式稱呼。信件的內容是請她立刻打包一些隨身物品，並前往位於萊維佐夫街（Levetzowstrasse）的莫阿比特猶太教堂。「帝國猶太人協會」（Reichsvereinigung）受命於政府，已經在那裡設立了一處可容納數百人的集中營。位置已安排妥當，一切已準備就緒。卡車在中庭待命，乘坐八公里後，至格呂內瓦爾德火車站的貨車月台，再換乘專載牲畜的貨車。

安娜的祖母才剛因藐視納粹政府之法令，被關在亞歷山大廣場的蓋世太保監獄裡三星期，亦即警察總局的地窖裡。那是一棟可怕的紅磚建築，大家戲稱它為「紅堡」，裡頭傳出來的受刑人哀號聲常響徹整座亞歷山大廣場。安娜的祖母心有餘悸地對赫爾米說：「再一次我絕對挺不過。」所以，該逃亡嗎？該躲起來嗎？像她這麼一個六十七歲的年邁寡婦該怎麼辦才好？

赫爾米斬釘截鐵地給了她一個令她驚訝不已的答案。他說：認清事實吧！別再心存希望了——趕緊逃吧！他建議祖母立刻躲起來。日後安娜追憶那一幕時曾說，是赫爾米的一番話敲醒了祖母。「是他說服了我的祖母，他跟她說必須逃，絕不能聽納粹的話，不能被他們帶走。」除了逃之外，其他做法都是死路一條。

「絕不可以再遲疑！」赫爾米一臉堅決地對安娜的祖母說，絕不能再受蓋世太保的欺騙，他們說要安排她前往東歐，安排她到那裡工作，並展開新生活，但是這些全是騙人的。

祖母還是猶豫了一下，她說她需要時間來鼓起勇氣。最後她匆匆打包了隨身物品，只帶了一只手提包。那晚她寄住在奧托・布亞（Otto Buja）家中——深得她信任的律師兼前水果行經理家中，此人在柏林的利希特費爾德區（Lichterfelde）幾乎無人不知，無人不曉。不過她在那裡只能短暫停留，她亟需一個可以長期藏身的地方。提出對策的還是赫爾米。他詢問了一名相熟的女病人弗莉妲・茨都曼（Frieda Szturmann），一名口風很緊的女幫傭，她住在柏林西緣斯潘道鎮（Spandau）的斯塔肯區（Staaken），平時喜歡算塔羅牌。赫爾米非常信任她。

為減輕祖母的疑慮，赫爾米開始娓娓道來一九三九年秋，自己和其他埃及人被蓋世太保逮捕的可怕經歷。當然，他沒有全盤托出，只說了最初的部分：「我們一個個被戴上手銬，押送至監獄關起來，晚上只能睡在木板或直接睡在地板上。」後來他們又被移監到別的地方，「我們被關進囚車，在酷寒中整整開了一天。」最後到達烏茲堡（Wülzburg）的監獄，一座位於法蘭克尼亞（Franken）的中古世紀碉堡，這地方在一次世界大戰時，關過法國將領戴高樂（Charles de Gaulle）。

納粹逮捕埃及人其實並無刑求之意，更沒有要殺害他們。納粹這麼做，純粹是為了——埃及人後來也很快地發現了他們的真正目的：交換囚犯。這對赫爾米而言真是不幸中的大幸。為了營救在開羅被捕的德國人，納粹外交部挑選了十名生活在德國且特別具有交換價值的埃及人。外交部高層給蓋世太保的指示是：「第一要務就是先逮捕那些社會地位最高者。」

除了赫爾米這個口無遮攔、愛亂開玩笑的主治醫生外，位列第一波逮捕名單的還有德埃商會的總會長貝伊・阿奇茲・科塔（Bey Aziz Cotta）博士、伊斯蘭教會主席里亞德・艾哈邁德・穆罕默德（Riad Ahmed Mohammed），以及住在選帝侯大道上的芭蕾舞大師阿布杜爾・阿奇茲・索里曼（Abdul Aziz Soliman），還有埃及王子的兒子扎基・哈利姆（Zaki Halim），另外還有幾位地位相當顯赫的人。他們都是受過高等教育且極富國際觀，被關在一起後很快便看出了彼此間的共通點，並且釐清了自己之所以成為納粹迫害對象的原因，並想出因應之道。

國務院外事祕書博勒（Bohle）——在赫爾米肆無忌憚地於莫阿比特醫院嘲諷納粹領導們之後——曾指示相關單位：務必將赫爾米關到「所有被捕之帝國人民，都被埃及當局釋放後為止。」即便如此，赫爾米在監獄裡不但沒有受到刑求，還被用比較人道的方式對待，因為他算得上是一個很有價值的政治籌碼，外交部也不願意他有任何閃失。

一九四〇年五月初，外交部下令釋放先前逮捕的所有埃及人，當然也包括赫爾米。然而納粹政府對埃及當局的要求至此卻完全落空，因在開羅被捕的德國人非但人數沒降，反而還上升。柏林當局對開羅政府施壓卻絲毫不見成效，對方根本沒把它當回事。這也讓納粹外交人員覺悟到必須改變做法。

納粹外交部體認到：讓這些地位顯赫的穆斯林囚犯持續變成自己的敵人，其實是不智的。相反地，如果對這些生活在柏林的穆斯林「重要人物」略施小惠，不再不定時地逮捕他們，還主動示好，或許反而能達到拉攏人心的效果，讓他們跟納粹合作。外交部甚至強調：這批人畢竟是「最能收宣傳之實效的」一批外國人。

被捕的穆斯林只要表達有跟納粹合作的意願，就會立刻得到當局的垂青。所以，有時候納粹逮捕穆斯林的原因，僅在於製造合作機會而已。和赫爾米一起被關的人當中，有一位名叫穆罕默德・陶費克・瑪加希德（Mohammed Taufik Migahid），他是二十一歲的醫學院學生。宣傳部長戈培爾當時正好在為納粹的阿拉伯電台找一位合適的播報員，這個年輕人的聲音很受戈培爾部下的欣賞，可惜他在天寒地凍的監獄裡因感冒失聲，所以只能等到聲音恢復後再行試音；畢竟囚犯也是會感冒的，即便是納粹，也不能掌控一切，由此可見。

赫爾米被釋放後，他開始為自己的自由感到憂心。他在柏林之所以能安全無虞，全仗著納粹視他為盟友。雖然他已重獲自由，卻被限制不得離開德國，所以事實上他跟那些仍被囚禁的埃及人並沒有多大差別；曾任開羅納粹海外組織首腦的阿爾弗雷德・赫斯就曾忿忿不平地下達過命令：「名單上的這些人，根據其政治立場的轉變，必要時仍需再次加以逮捕。」「此外，基於間諜防治之必要，這批人也必須受到嚴格監視。」有一小段時間，赫爾米甚至得天天到警察局報到，而且是上、下午各一次。

不過，為了安娜她們這個猶太家庭，他顯然甘願冒著巨大的風險，置個人微小且殘存之安全於度外，然後就像他曾經做過的那樣，繼續幫助她們跟納粹的法律和命令極力周旋。回憶起這件事，安娜仍不勝唏噓，那很可能是個要付出極大代價的決定，「後來也的確讓赫爾米醫生幾乎身陷險境。」

祖母一度決定躲起來，傍晚安娜的繼父下班後得知此事後勃然大怒。安娜還記得，那天晚上他「不停地咒罵」。

安娜一直很討厭自己的繼父，這男人是她母親尤莉亞一九二九年再婚的對象，安娜總稱他做「那個胖子」，或頂多禮貌性地喚他「韋爾叔叔」。喬治・韋爾（Georg Wehr）長得不算高，頭髮也不多，一點小事就會令他很激動，常會大發脾氣，眾所周知，他並不是猶太人，韋爾也很清楚在蓋世太保面前耍花樣會招來何種後果，他親身體驗過。

現在他變得保守又謹慎。他不同意赫爾米的建議，他認為不服從當局的命令是不智的。此外，他對妻子一家人接受赫爾米的建議前，竟然沒有徵詢他的意見，感到相當不悅。他很清楚：躲起來的猶太人一旦被蓋世太保找到，或在藏身處被抓到，就會被送至施普雷河東岸的一棟房子裡，亦即布爾克街二十八號（Burgstrasse 28）；柏林的猶太人被遣送至集中營的逮捕令，皆出自那棟房子的二樓及三樓。至於地窖和第二棟建物的內庭則是刑求和處決犯人的地方。他們會要求被捕的猶太人供出所有協助過他們的共犯。一旦被供出，參與者和知情者都有生命危險。非猶太裔的人原本不會有事，可一旦蹚了渾水，幫助了猶太人，那就完蛋了。

一九三八年，當自稱是她們的「經濟顧問」的納粹省黨部官員米勒（Müller）博士找上祖母，並告訴她水果行必須進行「亞利安化」時，安娜的祖母第一次開口向女婿也就是喬治・韋爾求助。她希望喬治・韋爾接手她們家的水果行。反正他本來就在水果行任收銀員。可惜祖母的如意算盤行不通，黨部的「財務顧問」直截了當地告訴她們，將水果行過戶給「亞利安裔的女婿」是不被允許的。不但不被允許，這個和猶太人結婚並且想幫助猶太人的喬治・韋爾，也將為此付出代價，並會後悔莫及。省黨部經濟顧問以最快的速度處置了她們家的水果行，一九三八年七月水果行便易主了。特蘭斯達努比亞股份有限公司（Transdanubia GmbH）以極為可笑的低價九千五百馬克取得了水果行——此金額僅是水果行一週的營業額，然後根本不打算經營。住在樓上的安娜一家人只能眼睜睜地看著接手者對水果行進行清算，並且讓它就此結束營業。尤有甚者，經濟顧問竟不忘懲罰喬治・韋爾。「每個人都知道我的情況，」韋爾後來自己說，「再也沒有人敢當猶太人的朋友了。」他當了猶太人的朋友，下場就是這樣。韋爾失業了整整一年，沒有人敢聘用他，因為經濟顧問在他的檔案上清清楚楚地註記著：「這不是一個可靠的人」。直到一九三九年，他才又在利希特費爾德區的一名熟人那裡謀得工作，那個熟人經營香腸店。

所以這次怎麼能重蹈覆轍？他主張不可以欺騙蓋世太保。喬治・韋爾憂心忡忡地警告妻子，亦即安娜的母親尤莉亞，明智的做法是乖乖聽話，好好地照規定辦事，徹底臣服於當局，這樣才不會惹禍上身。在劇烈爭吵後，韋爾甚至收拾行囊，作勢要離開。此舉大可被視作威脅，換言之，喬治・韋爾很可能會出賣她們。但安娜的母親，一如往常，意識不到事情的嚴重性。至於安娜——當時她已經十七歲——日後回想起來，她對自己當時的驚慌失措仍印象深刻。

「我們真的是費盡唇舌，」安娜追憶，最後終於說服韋爾至少先跟赫爾米打個電話。這也讓赫爾米有機會說服韋爾，並讓他明瞭猶太親友真正面臨的處境，還有阻止他跟家人徹底決裂。不過，電話裡不方便詳談。「必須要提防電話監聽，」安娜追憶道，「赫爾米醫生在電話裡先安撫了繼父的情緒，他請繼父過去找他，他要當面跟他解釋清楚。」安娜心存感激地說，「但這麼一來，赫爾米醫生就得為一切負起全責。他得負責為他們看病，並且負責一次又一次地幫他們找藏身之處，然後每當政府頒布新法令時還得為他們籌謀對策。因為我繼父根本沒有能力處理和承擔這些事。」

事情發展得很快。安娜的祖母躲藏起來後，她們家的另一名成員也決定跟進：祖母塞西莉亞在第二段婚姻裡所生的兒子，也就是安娜母親同母異父的弟弟，也決定躲起來。安娜的這個舅舅名叫馬丁・魯德尼克（Martin Rudnik），是個長得很帥的美男子，年紀輕輕，才二十四歲，重要的是擁有許多紅粉知己，現在正好可以求助於她們。其中兩位提供了他住處：希爾德嘉德・烏伯瑞西（Hildegard Ullbrich）和她小姑伊姆嘉德（Irmgard），她們住在威爾默斯多夫區的巴貝斯貝爾格街五十一號（Babelsberger Strasse 51a），距離柏林清真寺的雙塔只有幾分鐘的腳程。這麼一來，他們位於水果行樓上的住家就完全沒人住了。赫爾米義正辭嚴的警告，顯然對安娜一家人影響很大。

安娜很喜歡這個又帥又迷人的馬丁舅舅，而且兩人志趣相同。他跟安娜一樣都對醫學充滿興趣。一九三八年開始，馬丁便在格倫鮑姆（Grünbaum）醫生那裡當學徒——不過那時格倫鮑姆已經被取消牙醫資格，只能自稱牙齒治療師——，學習製作假牙。他在那裡不僅學到了如何運用橡膠、金屬製作假牙和牙床，還學會了鑄模技術，並且涉獵了如何利用人造樹脂製造假牙的技術。可惜納粹法規一步步緊縮，一九三九年二月，馬丁被迫放棄學徒生涯。一九四一年十一月，馬丁不再前往他被強制服勞役的位於柏林的魏森湖（Weissensee）附近的金屬加工廠。原本在那裡工作的他，隨時都可能被驅逐出境或送進集中營。他很驚訝地發現，要逃脫監視竟然這麼容易。

和烏伯瑞西姑嫂兩人同住的馬丁雖然沒有糧票，不過他總有辦法活下去，對於賺錢他一向很有辦法。安娜回憶道：「他藉化名從事各種黑市交易。」比方說私下販賣來自布拉格的絲線，或是把希爾德嘉德・烏伯瑞西從邊防軍隊那裡取得的希臘香菸拿出去賣。總之，馬丁很懂得生存之道。除此之外，他也開始把手邊的值錢之物拿出來向熟人兜售，比方說：萊卡相機、父親遺物中一只價值不菲的戒指，還有一個K金懷錶。他把手邊的東西一樣一樣地變賣掉。祖母的前得力助手奧托・布亞也會不定時地過來探望他，帶些錢和香菸給他。安娜的母親尤莉亞追憶道，「每當馬丁真的遇到問題或危險時，他就會打電話給赫爾米醫生，醫生永遠會幫他想辦法解決。」

那天蓋世太保的人一早六點就去敲安娜家的門，他們打算要帶走祖母。但他們得到的答覆是，祖母「已經離開了」，於是他們帶走了安娜。此舉或許是為了逼迫安娜的父母說實話。日後安娜總是不願意提起這段經歷，頂多就說：蓋世太保盤問了她，並且撂下狠話要她趕緊離開德國。除此之外還威脅她，安娜追憶道：「倘若我不乖乖聽話離開，他們就要把我送去他們覺得我該去的地方。」

赫爾米很清楚，小女孩此刻的情況有多緊急，處境有多險峻，一定要趕快把她藏起來。但在見識過安娜繼父的勃然大怒和「不停咒罵」後，赫爾米心裡明白，安娜的父母也幫不了她。

一項大膽的計畫

她總像個旁觀者，靜靜地看著眼前的一切，卻又能完全不被人注意到。走在街上沒有人會知道安娜是個猶太人，因為她是家裡唯一一個不配戴「猶太星」（Judenstern）[4]的人，因為她認為沒有必要。有次警局的主管，即路德維希（Ludwig）隊長，要求她戴上星星，但安娜不認為自己有必要照他的話做。

每當她繞遠路（因為布蘭登堡區禁止猶太人進入），從亞歷山大廣場走到動物園附近的使館區（因為猶太人禁搭地鐵），一路上就會看到許多大衣補丁的人們，她與他們擦身而過。這時安娜心裡就會想：人是多麼容易由別人來置換啊！要把一個人誤認為是另一個人是多麼容易呀！想不被看見，根本不需要躲起來。從她身邊走過的這些人，他們看到她，心裡是怎麼想的呢？

安娜兩歲就來到德國，但她一直沒有德國籍。所以她並不受限於各項「社會安全措

4 譯注：納粹統治期間猶太人被迫戴上的識別標誌。

施」，一直以來也不必配戴猶太星，雖然從一九四一年初開始，她的護照上就被蓋上了一個代表猶太人的「J」字母，而祖母和母親都嫁過德國人，所以都入了德國籍。只是安娜的母親最近剛跟壞脾氣的喬治・韋爾離婚，祖母則是在和藹的猶太水果商摩西・魯德尼克過世後守寡並再嫁。所以，安娜成了家中的外國人；她是在阿瑞得（Arad）出生的，此城位於匈牙利和羅馬尼亞的交界處。

蓋世太保於柏林展開猶太人驅逐行動後，安娜並沒有像祖母一樣被迫要遷居到萊維佐夫街的猶太教堂去，而是必須前往羅馬尼亞的大使館報到。安娜說，當時的規定是「外國人必須離開。」蓋世太保給安娜的書面通知是，她必須到大使館去申請入境，並且在三天內離開德國前往羅馬尼亞。安娜雖然不打算乖乖聽話，但她已經見識到不聽話的外籍猶太人會有何下場。「那些可憐的人會被抓起來關，」安娜說，「如果我沒有……及時消失的話，應該也會被抓起來關。」

黑色鐵欄杆內是一棟三層樓的氣派建築，安娜拿出自己小小的藍色護照，上頭印著燙金字樣「羅馬尼亞王國」（Regatul Romaniei），以及「旅外人士專用護照」。當時是一九四二年的三月。持有羅馬尼亞護照，對猶太少女而言，曾經能代表暫時安全無虞，但現在已不是這樣了。因為一九四一年十一月羅馬尼亞政府已口頭承諾德意志帝國將追隨納粹的做法，消滅猶太人。所以安娜是否回羅馬尼亞其實已經無所謂。

但使館人員對她的態度非常和藹，在幫安娜蓋章時，甚至好意地提醒她千萬別回羅馬尼亞。因為她絕對到不了目的地，且在那之前她肯定就已經被殺害了。「所以當時我只有一條路可走，就是躲起來，」安娜說，「其實之前就已經有傳聞，上了火車的猶太人根本去不了羅馬尼亞，而是全數被送往波蘭的集中營。」

安娜求助於赫爾米，兩人一同籌劃該如何讓安娜藏身。安娜不可能住到赫爾米那個熱心助人的女病患弗莉妲・茨都曼的家裡。因為那個可憐的女人自從安娜的祖母塞西莉亞搬進去後就不得安寧了。安娜生氣地說，「祖母不管到哪裡都跟別人處不好，所有供她藏身的地方，所有接納她的家庭都會跟她鬧翻。」安娜激動地說，「她真的很討人厭又無恥，從來不知道要閉上她那張該死的嘴。」即便戰後，安娜每次提到這件事還是非常憤怒，「她的行為嚴重危害了那些幫助她，並讓她藏身之人的安全。赫爾米醫生老得為此傷透腦筋，總要想辦法替她解決。」安娜祖母的這種個性也斷送了安娜一條可供逃生之路。

祖母一輩子都是個獨當一面的生意人。為了在柏林競爭激烈的商圈中占有一席之地，她必須事事精打細算，對人從不示弱，從不服輸。她靠著「鋼鐵般的意志與勤勉」

還有「節儉小氣」才得以掙得安家立業。但如今，誰想得到，這麼一個老要為了一家溫飽而操心和出頭的女人，竟得默默地躲起來，甚至連大氣都不敢喘一下。但弗莉妲・茨都曼最後還是把安娜的祖母送走了。她把她送到自己的妹妹那裡。安娜祖母的存在不能讓鄰居察覺，鄰居們必須感覺那房間裡沒有住人。換言之，安娜的祖母必須學會在困頓中生活——但才幾年前的時間，原本六十七歲的塞西莉亞・魯德尼克可是一間大型國際商行的女老闆，是個富商家庭的女族長，現在卻被要求得像個幽靈無聲無息地生活。

既然去跟祖母住不可行，或許可以求助於年輕的馬丁舅舅？但就像安娜的母親後來氣憤難平地抱怨：那傢伙根本什麼忙都「不肯幫」。當時馬丁的黑市生意做得有聲有色，人脈非常廣，可惜他是個自私自利、凡事只為自己著想的人。安娜的母親覺得難以置信，「最後，」她終究看清事實，「馬丁那傢伙打算乾脆不跟我們聯絡。」非常時期的困頓生活讓許多家庭變得更團結，關係更緊密，但安娜家顯然不是。

安娜印象深刻：「蓋世太保開始盯上我。」她到底該怎麼脫身？她對祖母和舅舅感到生氣，對母親感到失望，最終她只能求助於赫爾米。

走在街上，有時候安娜會出神地幻想著：自己能夠突然變成了另外一個人，鑽進了別人的身體裡，讓大家再也看不見原來的這個安娜，光天化日之下，她就這麼消失了。

赫米爾看著安娜：他遺傳了母親的深色頭髮，同樣深色的眼珠子則透著滿滿的活力。她已經不再是小孩，而是位小姐了；可她一旦笑起來，又會露出稚氣未脫的酒窩。

安娜的幻想，何時能變成一項具體計畫？或許是在赫爾米告訴她，他於一九三九年至一九四〇年被捕後是如何與納粹政府打交道，並達成協議的種種詳情吧。總之，他又有了自己的診所，診所位於夏洛騰堡，原本屬於德國醫生韋特金德（Wedekind），此人入伍後，腓特烈大帝街七號（Kaiser-Friedrich-Strasse 7）的這間診所便由赫爾米接手。赫爾米再次獲得自由，立足於德國社會，且再次得以開具醫療處方和醫生證明。

現在他唯一缺的就是一名助理，這次當然不能再聘用猶太人，因為猶太人不得為「亞利安裔」的病患進行醫療服務。但穆斯林助理就沒問題了，他可以鄭重安排一個幾可亂真的穆斯林助理。於是猶太女孩就搖身一變，成了穆斯林女孩。安娜從此變成了娜迪亞，變成了赫爾米醫生的姪女。

赫爾米光明正大地將這個姪女介紹給夏洛騰堡的監管單位。一九四二年三月十日蓋世太保收到的回報是猶太女孩安娜已經「離境」。安娜的母親和繼父信誓旦旦地跟警察保證，是他們親自送安娜上火車的，目的地是羅馬尼亞，他們甚至出示購票證明。安娜終於可以暫時鬆口氣，她相信此番的謊話應該可以過關，因為：「即便蓋世太保不相信我父母講的話，也沒有證據反駁他們。」

改名娜迪亞是赫爾米醫生的主意，此舉之意宛如收養。安娜首次披上頭巾時，赫爾米醫生建議她：即便在心裡也要用這個名字稱呼自己，這樣才不會有破綻，才不會露出馬腳。新名字的波斯文意思是「朝露」，阿拉伯文的意思是「呼喚者」。安娜覺得這個名字很美。

人前毫不起眼

白天她就讓那條頭巾像降落傘一樣罩在自己的頭頂上。一天結束，她便隨手一拉，頭巾就落到了她的肩上。頭巾並非必要，但安娜覺得這是個好辦法。頭巾具有神奇的力量，能把大家的注意力從她臉上轉移到那塊布上，就像一條具有魔法的隱身布。人們只要看見頭巾，就會自動地盯著它，無暇他顧。

白天安娜坐赫爾米醫生的車，兩人一起去上班，晚上也一起回家。她盡可能地留在赫爾米身邊，如果有人好奇地問東問西，醫生可以代答。有時警察會攔下他們的車，大聲喝斥：搖下車窗！證件！證件！——這時赫爾米就會裝出被惹毛的樣子，一臉嚴肅地瞪著那些人，一副「你們竟然不認識我，我可是你們外交部最倚重的友人。」畢竟身為阿拉伯人，赫爾米乃納粹外交部官員口中「最具政治宣傳效果的」樣板的外國人。

赫爾米醫生從公事包裡拿出護照，一本由埃及外交部核發的彩色小冊子。至於他的「姪女」娜迪亞，他早就準備好一本假護照——這本護照原本屬於一名穆斯林外交官的女兒。戰爭爆發後，越來越多穆斯林外交官離開了德意志帝國的首都。安娜需要一本護

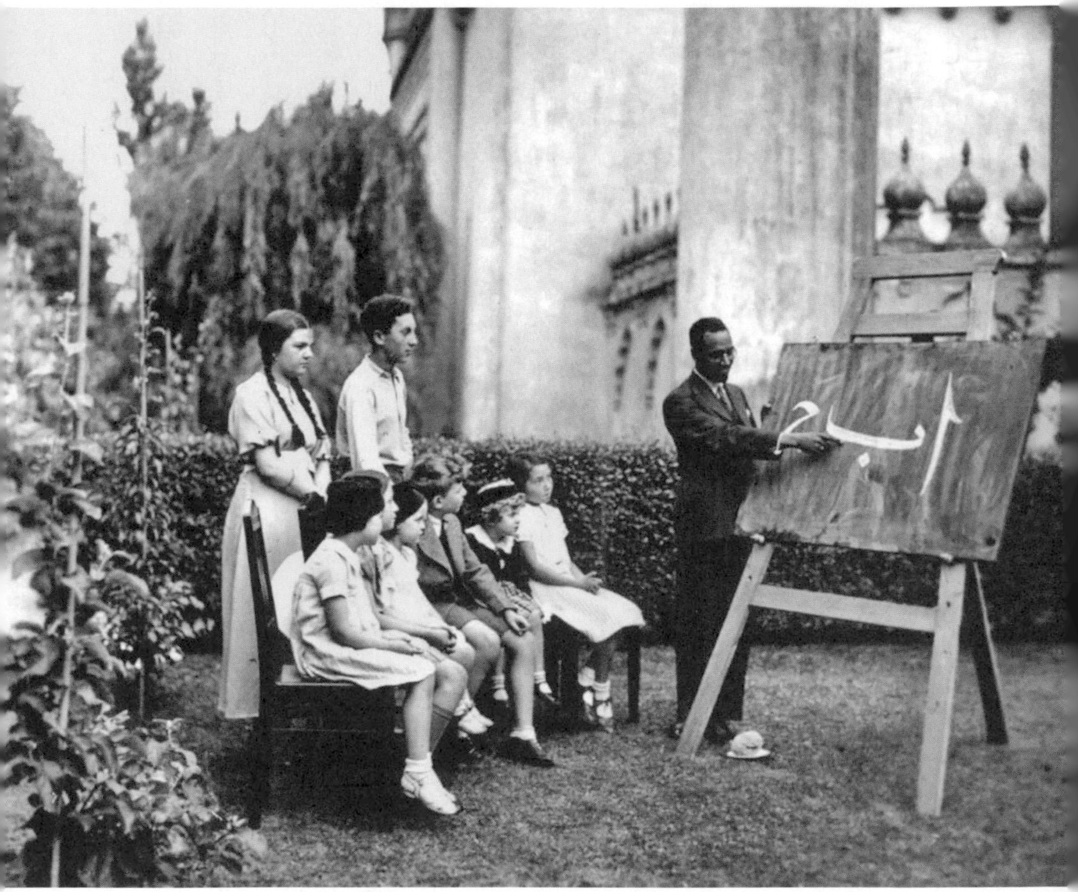

孩子們在柏林清真寺的花園裡上課。
（Archiv des MJB-Verlag, Pulheim bei Köln）

照，護照上面的照片最好皮膚白皙，一頭黑髮。只要照片類似就可以了，因為蓋世太保不太會辨識埃及護照，加上阿拉伯人不一定同一家人都用同一姓氏。此外，埃及冠夫姓的女人少之又少。

「我姪女從德勒斯登來我這兒依親。」赫爾米介紹副駕駛座上的年輕女孩，接著白眼一翻，一副這件事他已經解釋過千萬遍的模樣，然後他會強調自己還得趕著看診，診所裡已經有一堆病人等得十萬火急了。坐在他身邊的安娜這時就會負責露出尷尬又著急的笑容。赫爾米油門一踩，就繼續朝他們位於夏洛騰堡的診所疾駛而去。

要在眾目睽睽下隱藏身分，安娜必須非常小心。白天上班，赫爾米醫生有時會故意用阿拉伯文對她說話，安娜會裝出一副完全聽懂了的樣子，並且大聲地回答「好」或「知道了」，然後再露出微笑環顧一下診間裡的病人。他們倆一搭一唱，互相做球。「我從赫爾米醫生的身上學到好多事，」安娜回憶起當時的情況，她說她好敬佩醫生的處事能力。赫爾米醫生則對安娜的反應機靈，亦非常讚賞。

赫爾米其實也需要偽裝，他正在恰如其分地扮演著自己的角色。他在蓋世太保面前假裝成親納粹的阿拉伯人，也就是宣傳部長戈培爾之流最想拉攏的那種人：一個恨透了殖民宗主國英國的埃及人，就像萊茵蘭（Rheinland）的德國人恨透了曾併吞當地的法國人一樣。赫爾米努力扮演一個一心一意盼著德國人打敗舊有殖民勢力的埃及人。

作為盟友的納粹處心積慮地希望「穆斯林男人死得越多越好」。比方說黨衛隊的文宣就喜歡針對波士尼亞（Bosnien）的穆斯林處境大做文章，極盡挑撥和煽動之能事。納粹老愛提醒穆斯林：仍有一億三千兩百萬穆斯林生活在「英國、美國、法國和俄國等外國勢力的統治下。」當然，唯一避而不談的就是德國對待穆斯林的方式，其實也沒有比較厚道。黨衛隊在文宣上甚至大言不慚地說：唯有德國是真正尊重伊斯蘭的盟友。「一旦德國戰敗，穆斯林獲得自由的最後機會也將一併破滅。」

在必要時，赫爾米會非常配合地跟著大聲附和，這正是他跟納粹政府目前能維持良好關係的祕訣。他曾經極盡揶揄之能事地嘲諷納粹、大人物，例如，赫斯、希特勒和戈林，赫爾米稱他們為「癱瘓者」、「吹牛王」，但那樣的行為如今已完全絕跡，現在他對外表現出來的，一定是對希特勒的絕對忠誠。這樣的生存策略，領悟於他被蓋世太保監禁的那段期間。同時還有一同被關的那些埃及同胞，例如，芭蕾舞大師、商會會長、王子之子、伊斯蘭教會主席等，也悟出這個道理。

不過，為了安全起見，這件事赫爾米並沒有告訴安娜的祖母：從監獄裡出來後，換言之，自一九三九年起，他便開始給納粹的高官寫輸誠信，內容不但阿諛諂媚，還低聲下氣。他非常積極地主動爭取與納粹高層建立關係，其中一封信甚至直接寫給希特勒——「領袖閣下！」他把目標直接鎖定獨裁者。

赫爾米在這封信裡辯稱自己「自一九二九年起就積極支持並參與國家社會主義運動，一九三一年甚至因此受到猶太惡徒之攻擊而受傷。」赫爾米在信中特地替某位老褐衫軍受到的不平待遇，向納粹獨裁者打抱不平。至於他自己，身為穆斯林，同樣受到極不公平的對待，例如，他直到一九三三年在工作上都是屬於無給職，並且長期無法獲得醫生職位，只因可惡的敵人——莫阿比特醫院裡的猶太主管——認為支持納粹運動的他，是一個反猶太分子。

他的策略完全奏效，但其實醫學院畢業後三年乃實習階段本來就不支薪，這是正常的過渡時期，年輕醫生需藉此累積臨床經驗。赫爾米——事實上也和猶太醫生們私交甚篤，且一直寄住在猶太家庭——那段時間，猶太教授其實有支付他薪資和安排住宿，待遇完全比照其他實習醫生，但赫爾米深知納粹想聽什麼，所以就說他們想聽的話。和他一起被關的那些埃及人開始如法炮製。令人欣喜的是納粹就吃這一套。一開始赫爾米非常驚訝，這麼簡單的做法竟如此奏效。

在蓋世太保監禁他們的期間，也就是納粹對換囚仍非常熱中的那段時間，赫爾米曾向納粹表示願提供協助；他可以透過自己在埃及綿密的政治關係，讓那些在開羅被捕的德國人盡快獲釋。條件是：蓋世太保必須先釋放他和另一名埃及人。此埃及人就是長年擔任德埃商會總會長的貝伊・阿奇茲・科塔博士。科塔博士在德國已定居多年，不但娶了來自杜塞爾多夫的一名德國女子，還生了三個小孩，並在德國經營連鎖電影院事業。

赫爾米的提議獲得外交部的熱烈回應。帝國外交部長立刻親自致電副元首魯道夫・赫斯的參謀長馬丁・鮑曼（Martin Bormann）。一九三九年十二月，赫爾米和科塔順利獲釋，「但條件是，他們必須負責讓在埃及被捕的德國人盡快獲釋。」外交部的文件甚至充滿期待地寫著，此番斡旋希望「借重他們卓著的影響力與人脈。」外交部給他們營救埃及德囚的期限是三十天。

赫爾米擁有卓著的影響力與人脈？其實那些人脈根本不值一提。在一九三九年跨入一九四〇年的那個聖誕節和元旦假期，整整三十天，飛也似地過去了。在此期間，赫爾米根本沒打過一通電話，也沒有試圖利用任何管道進行營救。事實上，他連跟自己在開羅的家人都不怎麼來往，遑論跟什麼有影響力的政治人物關係密切。再者，他骨子裡一直就是個痛恨納粹的穆斯林，雖然表面上裝得非常配合。而在三十天內被羈押在埃及的德囚人數不但完全沒有下降，甚至不降反升。德囚人數的上升，也讓整起事件顯得荒謬和可笑。

外交部官員覺得臉上無光。三十天後，赫爾米和影院業者科塔再度被捕。但赫爾米並未因此放棄，他不斷強調自己對納粹政府的忠貞，甚至比上次被捕時更阿諛諂媚、卑躬屈膝。一九三九年他就告訴過納粹外交部，他是納粹黨員，資歷甚至超過十年；他乃納粹黨員中「唯一的一個埃及人！」納粹曾大肆宣傳過「格外」歡迎穆斯林入黨，納粹願意為穆斯林展開雙臂。兼任黨祕書長的馬丁・鮑曼就曾在黨的文宣上寫道，「信奉伊斯蘭教的德國人」，將「與基督教徒一視同仁，都能成為納粹黨員。」

事實上，赫爾米從來都不是納粹黨員。赫爾米想要做假，其實非常困難，謊話很快被戳破，因為外交部立刻就向黨部求證。令人意外的是赫爾米並沒有因此受懲罰，或許是因為外交部只把他的行為當作笑話，或當作是親德人士對納粹的過度奉承。顯然納粹宣傳部最在意的是：贏得穆斯林的效忠——所以，即便知道這個穆斯林謊話連篇，也寧願覺得這是件好事。

不過，赫爾米的某些穆斯林友人確實對納粹極力討好。他們投靠納粹，阿諛奉承，不僅替納粹翻譯政治文宣，還翻譯希特勒那本充滿煽動性文字的《我的奮鬥》（*Mein*

Kampf）。這本書當時已問世十五年，堪稱舊書，內容對和穆斯林「這群廢物的結盟」極盡不屑之能事。除此之外，不可否認地，「書中的許多內容，就當時的政治情況和阿拉伯民眾的觀感而言，出版阿拉伯譯本實屬不當。」

赫爾米不是唯一一個在柏林跟納粹虛與委蛇的穆斯林。總之，表面上大家都很配合納粹的遊戲規則。威爾默斯多夫區的清真寺教長阿布杜拉就是個好例子，每當他在寺內以《伊斯蘭教對人類的貢獻》為題佈道時，總會直接把納粹宣揚的「民族共同體」一詞換成「民主」，但在清真寺發行的刊物《穆斯林周刊》上，他卻又大量使用這個詞，一方面當然是為了討好納粹宣傳部，另一方面則是為了避免凸顯伊斯蘭教和國家社會主義的不同調。

不過，教友中真正附和納粹的也大有人在——那些改信伊斯蘭教的德國人，例如，弗里茲・「希克梅特」・拜爾（Fritz《Hikmet》Beyer），漸漸地進入了清真寺的領導核心，並取得優勢。這些人之中不乏真正認同納粹理念而加入其組織的人。他們漸漸成為清真寺理事會中的多數。不過另一批人則是在演戲，藉和納粹虛與委蛇來暗度陳倉，比方說他們一直到一九三五年都還在聘用猶太裔作家胡戈・「哈米德」・馬庫斯擔任清真寺總管。

一九三五年後甚至繼續聘請這位猶太裔作家翻譯和註釋《可蘭經》。除了金援他之外，一九三八年更進一步協助他取得阿爾巴尼亞的伊斯蘭假護照，和英籍印度人的假護照。一九三九年，當他所翻譯的《可蘭經》付梓，並驕傲地在柏林上市時，他已經離開德國，逃往國外了，但出於政治考量，他無緣成為這本「第一次由穆斯林執筆翻譯之《可蘭經》」的譯者，此譯本必須由別人掛名。

在安娜的眼中，赫爾米的年紀足以當她的父親，至於她真正的父親拉迪斯勞斯・博洛斯，則是在和安娜的母親離婚後，留在羅馬尼亞，他承諾一年會到德國探望女兒兩次。但至今為止安娜只在柏林見過父親一次，而且還是她三歲時。現在她跟赫爾米住在一起，擁有自己的房間，她很喜歡下廚，也負責廚房的工作。此外她也擅長女紅，無論是縫紉或編織都非常拿手。她和赫爾米的未婚妻艾咪相處融洽，三個人猶如一家人，生活在一起。艾咪二十三歲就和赫爾米訂婚了，到一九四二年時，她已二十六歲。

艾咪同樣得跟納粹虛與委蛇，也得對那些她厭惡的人殷勤獻媚。赫爾米被蓋世太保監禁期間，艾咪擔心極了，幸好赫爾米給了她指引，告訴她該怎麼做——為營救赫爾米，艾咪完全站在一個國家社會主義者的立場發聲。她在給帝國外交部長馮・里濱特洛甫（Joachim von Ribbentrop）的信中寫道：「部長閣下，煩請將這封請願書轉呈予我們敬愛的領袖，冒昧請託萬望見諒。唯望當局體察赫爾米先生對國家社會主義政府所抱持之一片赤忱，而善加關照。」信中措辭乃赫爾米和艾咪討論後的共識。艾咪在寫給希特勒的信中則是強調：「赫爾米醫生自一九二九年起在政治上就是納粹黨的支持者，甚至還因此受到對手迫害……領袖萬歲！萬萬歲！」

赫爾米唯有擺出這樣的姿態，讓納粹相信他是一個忠誠支持納粹政權的阿拉伯人，他才有機會救自己和保護安娜。只要能固守此一形象，即便柏林市中心驅逐猶太人的行動就在他們身邊如火如荼地展開，他們依舊能自由行動。一九四二年八月起，猶太人的驅逐火車不再由格呂內瓦爾德的貨車站出發，而是直接從莫阿比特的火車站出發，距離赫爾米的住處只有幾分鐘的腳程。

一九四二年八月十五日，貨運列車裡運載了九百九十七名猶太人，目的地是拉脫維亞的首都里加（Riga）。當火車從莫阿比特開出時，安娜早已搬進赫爾米醫生的家。九月五日運載人數七百九十六人，目的地是里加。九月二十六日則有一千零四十九人，目的地是愛沙尼亞的拉西庫鎮（Raasiku）。十月十九日載有九百五十九人，目的地是里加。十月二十六載有七百九十八人，目的地是里加。猶太人被聚集在一起，列隊排好，然後一起駛向死亡。間或聽見有人在哭喊，有人在咆哮。莫阿比特的猶太人已無所遁形，蓋世太保一方面加強驅逐，一方面不放棄追蹤藏匿者，他們找到猶太人祕密聚會的場所，進行大規模的突襲和逮捕。

一九四二年十一月起，所有的驅逐列車只剩下一個目的地：奥斯威辛（Auschwitz）。一九四二年十一月列車從莫阿比特開出，運載人數九百九十八人，目的地是奥斯威辛。十二月九日，九百九十四人。十二月十四日，八百一十五人。一九四三年一月十二日，一千一百九十六人。一月二十九日，一千零四人。二月十三日，九百五十二人。二月十九日，九百九十七人。二月二十六日，九百一十三人。三月一日，一千七百二十二人。三月二日，一千七百五十六人。三月三日，一千七百二十六人。三月四日，九百四十一人。四月十九日，六百八十一人。五月十七日，四百零六人。頂著假身分外出的安娜，每次出門都不知道自己還能否安然返家。只要遇上從前的街坊鄰居，或許對方就會舉報她。

蓋世太保仰賴的不僅僅是「同族人」的密報。為了搜索躲起來的猶太人，他們還特別設立了一個緝拿小組。至於那些藉出賣族人以換取苟活的人，最後下場還是被殺。光是號稱「抓耙子」的費多・弗里德蘭德爾（Fedor Friedländer），據說就舉報了三百名藏起來的猶太同胞。納粹緝拿猶太人已經到了無所不用其極的地步。

只要赫爾米和安娜營造出來的表象不被戳破，安娜就可以繼續以「娜迪亞」的身分示人。除此之外，他們還善加利用了自己擁有的一點點自由——雖然不知道這份自由何時會失去；身為親納粹的醫生和醫生助理，他們擁有特權，藉此特權他們得以進一步去營救其他人。

在夏洛騰堡的診所裡，他們幫被強迫服勞役的德國人開具生病證明；他們幫這些人寫診斷書，證明他們身染重病，無法負擔太過粗重的勞務。戰爭後期，赫爾米甚至以病人身體不適為由，幫某些人逃過一劫，不必在烽火連天、遍地焦土的柏林還被徵召去擔任人民衝鋒隊員（Volkssturm，或譯「國民突擊隊」）。私底下，他們繼續非法地幫猶太人看病，但這件事很快就逃不過蓋世太保的法眼。這也是蓋世太保一再盛氣凌人地突襲檢查診所的原因。「娜迪亞」總是非常客氣地安撫：「醫生馬上出來！」或者「請稍待片刻，我立刻去請醫生出來！」

他們合作無間地演了一場又一場危險至極的戲，恰如其分地扮演著兩個極為效忠納粹政府的穆斯林，但這件事一直存在著風險，因為蓋世太保對他們抱持著懷疑的態度，更可怕的是蓋世太保開始實地監視他們的一舉一動。

入虎穴

這裡曾是一棟豪華的商務旅館，直到一九三二年，旅館舞廳依舊夜夜笙歌，熱鬧非凡，但現在這座曾經金碧輝煌的建築物已失去光彩。阿爾布雷希特王子旅館（Hotel Prinz Albrecht）內上百間普通客房和豪華套房，就這麼靜靜地隱沒在青年風格（Jugendstil）的外牆後方這棟建築已被納粹親衛隊徵收，無數身穿黑色制服的親衛隊員進駐其中。親衛隊首領海因里希．希姆萊（Heinrich Himmler, 1900-1945）就在這棟建物裡籌畫和指揮屠殺歐洲猶太人的一切事宜。

阿爾布雷希特王子大街（Prinz Albrecht Strasse）直接與威廉大街相交，乃帝國權力核心之所在。政府的重要部門皆坐鎮於此，連希特勒的總理府也設址在這兒。街上到處旗幟飄揚，黑色的公務車櫛比鱗次。親衛隊早於一九三四年就把總部設置在這兒。他們把魔爪伸向歐洲各地，倒行逆施，設立死亡集中營，但這裡才是他們統籌一切的總部。地窖裡正在用刑，街道上滿是身穿制服的軍警，簡而言之，一九四三年，這條街肯定是隱身於世的猶太女孩，在這世上最不願意涉足的地方，或者藏匿猶太女孩的人最不願意造訪之地。

但親衛隊偏偏指名要赫爾米醫生和其助理「娜迪亞」來這裡。他們的座車停在阿爾布雷希特王子旅館前的那一刻，心情之忐忑真是筆墨無法形容。抵達之前根本沒有人告訴他們到底發生了什麼事，對方只說：請務必帶上出診包，另外別忘了讓您的穆斯林女助理一道前來。

旅館內古色古香的拱頂上燈火通明。赫爾米和「娜迪亞」先依規定在守衛處做完登記，然後按照囑咐搭乘電梯上樓。電梯門打開，他們突然置身在一個不可思議的場景中，並且成為焦點。

一群男子正聚精會神地在交談。為首的核心人物是個身材不高，紅髮、紅鬍子、藍眼珠的男子。安娜和赫爾米完全沒料到：這個下巴蓄著鬍鬚，年約五十，頭戴圓筒形白色穆斯林傳統菲斯羊毛帽（Fez），身穿黑色罩袍的巴勒斯坦人會出現在眼前。阿明・侯賽尼（Amin al-Husseini, 1897-1974），耶路撒冷大穆夫提（der Grossmufti[5] von Jerusalem），侯賽尼顯得意氣風發，身旁的隨從一個個穿得體面而正式。親衛隊其實早從一九四一年十

5 譯注：大穆夫提是穆斯林國家的最高宗教學者及法官，有權頒布伊斯蘭教令。

一月起就常籌畫這樣的外交拜會，訪客一行人超過數十位。他們是受柏林當局高度重視的嬌客，因為他們是納粹與穆斯林世界友好結盟的最佳樣板。赫爾米和「娜迪亞」被召喚來此，就是為了幫這幫外賓看病；穆斯林醫生替穆斯林外賓看病，感覺會比較親切，親衛隊是這麼設想的。

所以，要不要冒著生命危險入虎穴，完全不是赫爾米和安娜可以自己選擇的——難道他們能違背親衛隊長官的命令？但另一方面，親衛隊會找上他們，要求他們過來，這表示：他們所扮演的角色「親納粹且忠於政府的穆斯林」恰如其分又非常成功。當局顯然對他們未起絲毫疑心，安娜的偽裝至今完全沒被發現。

對猶太人而言，這位耶路撒冷大穆夫提是個非常危險的人物。「猶太人就像會讓人染病的害蟲一樣，」他在公開談話中曾說過這段具煽動性的話，「只要牠們飛遠了，你就會誤以為牠們是無害的，可一旦被牠們叮咬便會身染重病，所以唯有祭出終極方法對付他們，才能徹底解決問題。」大穆夫提毫不遮掩自己在意識形態上與反猶太的德國人非常契合。他本人就是反猶太的具體代表。安娜佯裝成會說阿拉伯話的穆斯林，此刻的她距離大穆夫提只有數步之遙。

這位耶路撒冷大穆夫提其實很早就向納粹示好了。一九三三年四月一日的前一晚——而四月一日那天就是納粹衝鋒隊員第一次到安娜位於亞歷山大廣場旁的家和水果店前吶喊：「拒買猶太商品！」的日子——，侯賽尼就已迫不及待地向德國駐耶路撒冷大使館表達了稱頌之意。「猶太人的不義之財是該受到制裁了，」大穆夫提忍不住讚嘆，「全世界的穆罕默德子民都將樂觀其成並大力響應。」他身為巴勒斯坦的穆斯林宗教領袖，更將竭盡所能地支持納粹的反猶太路線與政策。

埃及的德國軍隊當時正在與英國進行沙漠戰。伊拉克境內則有反英派政治家拉希德・阿里・蓋拉尼（Rschid Ali al-Gailani）大力推動反英運動，數週之後他自己卻被推翻了。一如耶路撒冷大穆夫提，蓋拉尼隨即逃往納粹柏林——但出逃前不忘在巴格達發動為期兩天的大屠殺，導致兩百多名猶太人喪命，九百多間房舍被毀，史稱「法胡德」（al-Farhud），亦即「種族迫害」或「大屠殺」。但像他們這樣的人，柏林卻總願意為他們敞開大門，因為納粹當局早就想好要怎麼利用他們了。

一九三三年秋，當赫爾米那個受盡羞辱的同事莫阿比特醫院的主治醫生馬克思・萊夫科維茨逃往巴勒斯坦時，侯賽尼就已經在當地享有盛名。當時他正領導阿拉伯人進行抗議罷工，以期抵制猶太移民，而散落街道上的傳單和牆壁上的塗鴉更已隨處可見納粹的「卍」字標誌。大穆夫提侯賽尼最後終於和巴勒斯坦的「託管者」英國鬧翻了，並且不得不開始他崎嶇的流亡之旅，期間還一度剃光鬍子，喬裝成女性，取道伊朗和土耳其，逃往義大利。一九四一年十一月六日，他受希特勒奧援，流亡至柏林，亦即在納粹發動猶太驅逐行動後數日，抵達柏林。

穆斯林傳統菲斯羊毛帽（Fez）是一種平頂的半圓筒狀帽子，一般用紅色羊毛製成，再綴以流蘇。把這種帽子拿來當作軍帽，可想而知，非常不合適，既不流線型，又不防水、防彈。不過它有個好處，就是可以讓戴帽者在進行穆斯林祈禱儀式時，直接把額頭貼到地面上。當大批菲斯帽送抵親衛隊總部時——暗紅色帽身，上綴黑色流蘇，正面釘著帝國標誌鷹和一枚骷髏頭——，親衛隊首領希姆萊完全無法苟同，他說：「這設計實在不討我喜歡。」

希姆萊在一份寫給長官奧斯瓦爾特・波爾（Oswald Pohl, 1892-1951）——此人後來在紐倫堡審判中被判死刑——的報告中抱怨道：菲斯帽必須「調整其顏色，並降低高度。」這樣才能跟摩洛哥人戴的那種太過優雅的菲斯帽做出區隔。其實摩洛哥的菲斯帽向來以很高聞名，上面也沒有帝國標誌鷹和骷髏頭。希姆萊認為：「外在裝扮對強化軍隊具有非凡之意義。」

這批菲斯帽是專為巴爾幹地區而準備的。一九四一年德軍進攻巴爾幹地區時，招募了一批阿爾巴尼亞和波士尼亞志願軍，以期以夷制夷，亦即用來對付以南斯拉夫政治家狄托（Tito）為首的游擊隊。親衛隊為了籠絡這批志願軍，竟一反自己過去的政策與做法，不但極度強調志願軍的伊斯蘭信仰，還不斷強化他們的穆斯林身分和自我認同。親衛隊甚至要求這批志願軍恪守伊斯蘭傳統、按時進行祈禱。戰地教長在向他們佈道時，還會宣揚希特勒的功績，「他所做的一切都是為了真主，為了信仰，為了道德，為了替世界建立更美好、更公平之秩序而奮鬥。」這番話乃親衛隊波士尼亞聖刀師——俗稱東方彎刀師——之軍團教長，在一九四三年的一場慶典中所陳述。

耶路撒冷大穆夫提同樣是為納粹宣傳的絕佳人選。納粹利用他來招募穆斯林志願軍，並透過廣播煽動各地的穆斯林。為方便他在柏林辦公，當局除了在高級住宅區策倫多夫（Zehlendorf）的歌德街（Goethestrasse）上為他安排藉「亞利安化」之名徵收來的別墅、辦公室和官邸外，還准許他使用阿德龍飯店（Hotel Adlon），以及克羅普斯多克街（Klopstockstrasse）上的一些前猶太機構的辦公室。除此之外每個月還能享有七萬五千帝國馬克的優渥津貼，並受到親衛隊的嚴密保護，且一邊懷抱夢想：有一天或許真能獲得希特勒的支持，讓巴勒斯坦成為一個獨立的國家——屆時身為耶路撒冷大穆夫提的他，就能變成一個真正手握實權的政治領袖。

納粹在中東建立了六個「志願軍」軍團，其中有四個是穆斯林軍團：高加索－穆罕默德軍團（Kaukasisch-Mohammedanische Legion）擁有約二萬五千至三萬八千名軍人，北高加索軍團（Nordkaukasische Legion）約二萬八千人，伏爾加韃靼軍團（Wolgatatarische Legion）約三萬五千至四萬人，土耳其斯坦軍團（Turkestanische Legion）約十一萬至十八萬人。他們的軍團標誌上除了有「阿拉與我們同在」（Allah ist mit uns）的字樣外，上面還有撒馬爾罕的「沙王永生」清真寺（Shah-i-Sinda-Moschee）圖樣——此清真寺乃中亞穆斯林最神聖的信仰中心之一。這些軍團中有三個師，更在史達林格勒戰役中，與德軍並肩作戰。一九四四年秋親衛隊高層將東穆斯林第一軍團短暫的從東方戰線撤離，為的就是要在九月十八日齋戒月結束時，與這些穆斯林兄弟一同歡慶；大夥兒要在那天的盛大宗教儀式上一起迎接曙光。

其實，宗教力量能不能成為「自願軍」效忠納粹的推動力實在令人懷疑。自願軍的成員很多是戰俘，他們之所以願意穿上德軍制服其實是為了換取自由。不過親衛隊卻一廂情願地相信是自己的宗教宣傳策略奏效。親衛隊首領希姆萊甚至認為「伊斯蘭教徒的世界觀跟我們很近似。」他相信伊斯蘭教徒同樣非常重視烈士崇拜，所以一名終身未嫁、一心為聖戰犧牲的七十二歲伊斯蘭女性，便成了最佳的宣傳樣板，希姆萊說，「軍人就吃這一套。」

「娜迪亞」應該是個阿拉伯女孩，但安娜根本不會講阿拉伯話，幸好她只是赫爾米醫生的小助手，大可躲在他身後，既不離開他又能退居一旁，這樣就可以避掉跟阿拉伯男士交談的機會。另外，像她這樣的女孩在這樣的場合裡，基本上大家會覺得她該謹守分際，不要妨礙大人們（男士們）交談。縱使真有大穆夫提的隨從跟她說話，安娜也已備妥自圓其說的最佳遁辭——為了以防萬一，她跟赫爾米早就套好招，對外口徑一致：她不會說阿拉伯話是因為從小在德勒斯登長大，沒機會學習阿拉伯語。但無論如何，此番都是安娜偽裝成穆斯林以來最大的考驗。任何人只要多問兩句，都是在測試她臨機應變的能力。

眼前的這位耶路撒冷大穆夫提對猶太小孩毫無同情心，絕對沒有。一九四二年底，他曾經大力阻撓過德國的一項人質交換計畫。原本納粹希望透過紅十字會，將四千名來自斯洛伐克、波蘭和匈牙利的猶太兒童送往巴勒斯坦，以交換被俘的德國人質，但大穆夫提強烈反對，計畫於是擱淺。大穆夫提在阿爾布雷希特王子旅館，和納粹親衛隊首領希姆萊會晤時曾說：這些猶太小孩幾年後會長大成人，恐將成為「巴勒斯坦的猶太勢力之中堅」。

一九四二年八月，納粹當局在敘利亞上空投擲了二十九萬六千份傳單警告猶太復國；倘若英國獲得軍事上的勝利，猶太人將在中東建立一個幅員廣闊的國家。一九四四年十二月十七日，大穆夫提在一次伊斯蘭新年聯歡會上同樣透過廣播向全世界的阿拉伯人喊話：「我們絕不能做出絲毫讓步，所有阿拉伯的自由國家都將矢志爭取真正的獨立自主，此自主絕不允許任何外國勢力染指，不容許猶太人竊奪。阿拉伯祖國只屬於阿拉伯人民。」

希特勒在柏林接見大穆夫提時，曾親口承諾：德國在「對抗猶太人的戰爭中」絕不會有任何妥協，「反對猶太人在巴勒斯坦建立家園」更是毫無疑義，一旦讓猶太人在那裡建立家園，「此地必成為他們的國之核心，成為猶太人圖謀顛覆惡行之基地。」但國家社會主義者到底要如何協助大穆夫提實踐他的種種巴勒斯坦願景和計畫，納粹當局並沒有給予具體回答。

站在如此危險的一號人物身邊，安娜直接身陷險境。多年後安娜的兒子追述道：「母親提及這些往事時，從沒有說過一次害怕。」兒子顯然不只對十七歲就能挺過此等經歷的母親充滿崇拜之情，更多的或許是難以理解。其實，此乃歸功於安娜那份慣於隱藏感受的能力——童年的她一直為此個性，亦即無法向人吐露心聲，而自認為低能且備受困擾，但此刻這份內向和內斂卻救了她一命。

一夕變身穆斯林

他們位於莫阿比特區的住宅靜靜地佇立在黑暗中。安娜沒有要參加任何考試，也沒有要出席宗教聚會，即便如此她還是好緊張；這是六月的一個夜晚，赫爾米等候多時的一位男子敲響了他們家的門。這個男人既矮小又駝背，一頭白髮剪得很短，唇上蓄著一撮鬍子，一名德國記者曾經這麼形容過他，「其長相之醜，獐頭鼠目仍不足以形容。」安娜認識這個人。那次受親衛隊徵召，前往阿爾布雷希特王子旅館時，安娜曾見過他一面。

那次他不時湊在大穆夫提耳邊用阿拉伯語竊竊私語。安娜對他印象深刻，只見他一下子賊眉賊眼地皺起鼻子，或鼓起腮幫子，或一臉陰險地把手指抵在嘴唇上。他是大穆夫提的得力助手，也是反猶太的核心健將。他的名字是卡瑪爾・艾爾—汀・加拉爾（Kamal el-Din Galal），他是柏林伊斯蘭中央研究院的祕書長。「這樣的人要怎麼相信他？」安娜驚慌地問自己的守護者赫爾米醫生。

「正是他這樣的人才有辦法保護妳！」赫爾米試圖安撫安娜。

他擬定了一項計畫，打算藉此一勞永逸地解決安娜的困境。現在，第一步要做的就是：讓安娜在一九四三年六月十日正式成為伊斯蘭教徒，但審核和出具證明文件的單位，卻剛好是由希特勒之友大穆夫提阿明・侯賽尼掌管的伊斯蘭中央研究院（Das Islamische Zentralinstitut）所辦理。赫爾米還是醫學院學生時，柏林的伊斯蘭中央研究院不過是許多在地協會和眾人聚會的地點之一。赫爾米的朋友里亞德・艾哈邁德・穆罕默德也曾出掌過這個當時曾由埃及國王資助，裡頭繪滿駱駝圖樣的伊斯蘭中央研究院，但大約半年前，這地方換上了全新的標誌和圖案，歡慶「重新開幕」。當時他們還在——先前業已變成「蚊子館」的——阿爾布雷希特王子宮（Prinz-Albrecht-Palais）舉辦了隆重的慶祝活動，會場布滿鮮花，而隔壁就是希姆萊坐鎮的親衛隊總部。

一九四二年十二月十八日伊斯蘭宰牲節，當天下午四點半大穆夫提站在講台上，以「阿拉伯領袖」之姿接受眾人的歡呼，台下站的絕大多數是外交官和鬍子刮得乾乾淨淨、為數眾多的軍人。

大穆夫提當然不會發現自己竟然要為安娜，一名猶太女孩，改信伊斯蘭教主持見證儀式。赫爾米的盤算是：要神不知鬼不覺地把猶太女孩安排進大穆夫提所主持的入教儀式中。納粹和大穆夫提的關係非常好，赫爾米希望納粹將因此不會去檢查他轄下教友的來歷，即便檢查也會睜一隻眼閉一隻眼。穆斯林教會中多了一個名叫娜迪亞的女孩，沒有人會在乎吧？

那晚，赫爾米打開門後立刻壓低聲量和加拉爾交談。不能讓克雷費爾德街七號的鄰居聽見加拉爾來訪，畢竟這些房子的隔音相當差。

他們倆其實是舊識。加拉爾和赫爾米都是埃及人，當年他們一起來到柏林。一九二二年，兩人剛從學校畢業，並一起遠赴德國留學，後來加拉爾熱中於政治，他跟赫爾米不一樣，他強烈反對殖民宗主國英國對埃及的統治。柏林的每一場抗爭活動他都參加了，在英國使館前，總能看到他高舉牌子的示威身影，且屢屢試圖想向英國使館遞交抗議書。

這不正是一個一直在製造反英情緒和氣氛的阿拉伯人？他完全對了納粹的脾胃。他們批准加拉爾就讀新聞系和「國民教育系」，一九三九年更把納粹宣傳部設立的雜誌《東方新聞》（*Orient-Nachrichten*）之編輯部交給他掌管；這份雜誌的主要讀者是北非戰地的戰俘。一九三九年九月納粹逮捕了一批阿拉伯人，其中包括赫爾米，但加拉爾當然不在被捕之列。幫納粹撰寫宣傳文稿的加拉爾當然是「可靠的」，納粹的外交部官員甚至這樣褒獎過他，對納粹當局而言，他是非常「有用的」，而加拉爾也樂於享受這份特殊待遇和保護，即便如此，他並沒有忘記自己的老朋友。

他親赴蓋世太保的監獄探視赫爾米，並為營救赫爾米而四處奔走，雖然最後徒勞無功。加拉爾是眾所周知的納粹之友，在營救赫爾米的過程中，他也試圖讓蓋世太保相信：赫爾米跟他一樣非常認同納粹理念，所以應該得到相應的友善對待。

不但如此，加拉爾現在甚至更進一步地要和赫爾米聯手拯救一個猶太女孩——在四下無人的夜晚，偷用教會的正式文件用紙和印章。赫爾米認識加拉爾太多年了，他深知：加拉爾一定會幫他。加拉爾雖然為大穆夫提工作，但是他並不仇恨猶太人，如果他是像大穆夫提一樣的混帳傢伙，一心想要屠殺猶太人，那麼他就不會冒險參與赫爾米的這項祕密計畫。

在他們倆一起向安娜說明他們的計畫時，或許兩人心裡都油然而生一股雀躍的篤定。莫阿比特的這間房子裡燈光昏暗，門戶緊閉，窗簾都拉上了，但執行計畫前他們有要求安娜唸一遍代表伊斯蘭教信念的清真言（Schahada）嗎？「萬物非主，唯有真主，穆罕默德是真主的使者。」想必不會，畢竟眼前的一切已經夠荒謬了，換言之，現在的重點根本不在宗教，而在人道救援。

赫爾米的未婚妻也從沒有想到過要改信伊斯蘭教，赫爾米也從沒有因此少愛她一點。至於他本人則終其一生都是虔誠的穆斯林，並且敬奉伊斯蘭教的各種規範。相較於那些喜歡把伊斯蘭格言和穆斯林宗教知識掛在嘴邊的人，他們的信仰不夠虔誠嗎？其實，若只會高喊標語，從沒有認真地把標語的內涵當作一回事，那麼只會讓那些至理名言變得毫無價值。

安娜的家庭其實也不特別強調宗教。身為猶太人，她們理所當然隸屬於柏林猶太教會。春天時她們也會唱歌、喝酒，慶祝逾越節，慶祝法老的養子摩西帶領身為奴隸的希伯來人離開埃及。根據《妥拉》中的記述，上帝曾因此對希伯來人說：「你們必能了解異族的靈魂，因為你們在埃及也曾是異族。」

但飲食上，安娜的母親又常會把匈牙利肉丸端上桌，肉上還會澆牛奶醬汁。這樣的肉丸非常美味，但不符合猶太教的飲食規範。遇到節慶時，大家總是會互道「Massel tov」，這句話的意思是「祝你好運！」但這其實是不恰當的，按規定應該要說「過節快樂！」（frohes Fest）甚至連之後的復活節，身為猶太人的他們也會互道「復活節快樂！」換言之，他們並不特別注重這些宗教細節。

但即便如此，終其一生，安娜還是認定自己是猶太人。她雖一夕之間改信伊斯蘭教，但這不過是一場戲。她的穆斯林守護者赫爾米和加拉爾當然知道這點，但他們完全不介意。

加拉爾是個道道地地的阿拉伯民族主義者：他希望殖民勢力在這場戰爭中可以徹底失敗，必要時不惜借助納粹的力量。一九三九年，當赫爾米和柏林其他埃及人被當局逮捕時，加拉爾乘機把自己的宿敵，亦即政治立場溫和的伊斯蘭研究院院長里亞德・艾哈邁德・穆罕默德，也送進了監獄。當時里亞德・艾哈邁德・穆罕默德還同時是柏林伊斯蘭教會和德國─穆斯林交流協會等多個穆斯林機構的領導者，他的政治立場一向較為親英，並非好戰分子，也不走反殖民路線。

在那次的穆斯林逮捕行動中，加拉爾暗中陷害了某些同胞，並成功地在一九三九年十一月，讓柏林伊斯蘭研究院的領導階層大換血，自己也當上了研究院祕書長。他終於攀上了權力高峰——至少打進了當時的柏林穆斯林權力核心的小圈子。一九四一年當大穆夫提跟他的隨從來到德國時，亟需一個可以成為他左右手，並且對德國事務熟稔又能為他出謀劃策的人。親衛隊和德國外交部推薦了加拉爾，因為他們信任他。

赫爾米和加拉爾對於自己還在念大學時，看到柏林伊斯蘭教教長在《穆斯林周刊》上發表的第一篇文章，仍記憶猶新，當時教長強烈抨擊反猶太的行為，並且認為那是基督教徒的野蠻迷思。「基督徒總是不斷地在迫害猶太人，」一九二四年伊斯蘭教長提出了以下的指責，「種族仇恨和宗教偏見的苦果一再於人世間重演。世界大戰癱瘓了整個歐洲，把歐洲推向危厄與悲慘。所以各國該學會教訓，該開始全面致力於別讓這樣的悲慘再次發生。大家最該避免的就是製造仇恨。所以，每個人都該懂得尊重別人的宗教。我們該著眼於各宗教的共通處，並加以推崇。」

白天時，加拉爾盡忠職守地跟在大穆夫提身邊辦公，但總會不時聽到大穆夫提提及一些有關《可蘭經》與對猶太人性格的說法：「就是這些個性導致他們永遠受詛咒，並且注定無法行良善之事，因為他們已受到真主的詛咒。猶太人卑劣低下的人格，還有喜好行惡的天性，在在彰顯了受真主詛咒的事實。」

親衛隊首領希姆萊對大穆夫提的這些言論顯然非常欣賞，他希望他們能找出《可蘭經》中相應的原文，好引述來證明：希特勒「有先見之明，完成先知的預言乃上天賦予他的使命。」這工作最後落到了加拉爾頭上。加拉爾心中暗罵：天啊，你們到底覺得柏林的穆斯林有多愚蠢呀？加拉爾百般推託，終究沒有遂了他們的心願。

但他的婉拒似乎不夠明確，納粹的另一位高官依舊興致勃勃。納粹國家安全部部長恩斯特・卡爾騰布倫納（Ernst Kaltenbrunner）對此頗有涉獵，他引經據典地表示：希特勒的個人形象完全符合「《可蘭經》裡預言的，將重回人間的先知爾撒（耶穌），他將會像基督教裡的救世英雄聖喬治一樣，打敗在世界末日時出現的巨人和猶太假救世主旦扎里（Dadjdjal）。」但完全相應的人物，在《可蘭經》裡根本沒有。

親衛隊打算印製百萬張宣傳單，他們相信這樣的內容絕對能「有效影響」南歐穆斯林對納粹政權的態度，同時有助於強化巴勒斯坦地區的反猶太情緒。但針對宣傳單的內容，加拉爾非常不以為然地說，「全是一些不知所云的句子，就我看來這只是一張垃圾。」面對宣傳部，他也完全不遮掩自己的看法，「很抱歉，對於這件事，我只能這麼說。」他在寫給宣傳部長戈培爾的手下時，明白表示。

宣傳單的規格是十三點五公分乘以十七點五公分，雖然加拉爾提出了建言，但傳單最終還是印了，他們完全不理會加拉爾實事求是的反對意見，而且足足印了百萬份。「喔，阿拉伯人，你們看，假救世主旦扎里已然到來，看見了嗎？你們認出他來了嗎？那腦滿腸肥、滿頭捲髮的猶太人，他正想欺騙全世界，想統治這個世界，想奪取你們阿拉伯人的領土，你看見了嗎？……喔，阿拉伯人，你們認出真主的僕人了嗎？他已然出現在人世，正把長矛指向旦扎里和他的結盟者，並且已經給了他們無數重擊。」面對這樣的內容，加拉爾只能搖頭嘆息。

加拉爾很清楚，現階段伊斯蘭教對納粹政權有多重要。這讓他跟赫爾米都看見了有利於自己的生存機會。納粹高層越來越喜歡討好穆斯林，但他們美化伊斯蘭教的方式卻也越來越浮誇。「穆罕默德的信徒在八世紀曾企圖取道現今之法國往中歐擴張，」納粹裝備部長史佩爾（Albert Speer）在他的回憶錄中引述了希特勒自己喃喃自語時的一些荒謬看法，「如果這支軍隊在高盧的普瓦捷（Poitiers）戰役中有再次反擊，阿拉伯人一定能打贏，那麼今天的世界就是由穆罕默德的信徒統治了。」也就是所謂的西方國家伊斯蘭化——希特勒認為，這是一種非常美好的想像，「因為他們將為日耳曼民族帶來一種日耳曼人真正需要的宗教，亦即透過伊斯蘭教義——以劍傳教，征服其他所有民族——來讓日耳曼人脫胎換骨。而且這些伊斯蘭統治者受限於自身民族的弱小，在長期統治後，必定對抗不了這片土地天生的野性和此地人民的強悍，最終統領這個橫跨全球之伊斯蘭帝國的必定不是阿拉伯人，而是信奉穆罕默德的日耳曼人。」

柏林烽火連天，希特勒被困在地下防空洞時，仍惦念著他這一貫的看法：「我們最大的不幸就是信錯了宗教……穆罕默德所傳之宗教，真的遠比推崇懦弱之包容性的基督教更適合我們。」

即便如此，加拉爾還是心知肚明，這些不過是納粹的惺惺作態；納粹對伊斯蘭教的過分推崇並非真心，因為他親眼見證過納粹思想家如何針對穆斯林，擬定出一系列的宣傳方針。無論是伊斯蘭教長在佈道時對希特勒的頌揚，或納粹高官對伊斯蘭教的信誓旦旦，這一切都只是出於策略考量，他們想藉鼓吹共同的宗教情感來拉攏穆斯林，而事實上他們的立場是搖擺不定的。希特勒在一九二五年的納粹黨聖誕聯歡會上甚至說過：國家社會主義其實就是「基督教義的實踐」。

一九二〇年初，在慕尼黑的皇冠馬戲團裡，當著眾多天主教徒、失落的軍人和失勢學者的面前，納粹煽動家希特勒甚至自比為耶穌：「我們雖然很渺小，但有個像我們一樣渺小的人（耶穌）曾出現在加利利，他所宣揚的學說如今卻統領著全世界。」希特勒的副手魯道夫・赫斯同樣是個煽動家，他在一九二一年寫給保守派的巴伐利亞首長古斯塔夫・馮・卡爾（Gustav Ritter von Kahr）的信中，稱希特勒是「難能可貴的，擁有正直、誠懇個性之人，非常善良，宗教上是個虔誠的天主教徒。」所以他們只是在演戲？當然！就像他們後來對伊斯蘭教態度驟變，突然百般推崇一樣。

此外，納粹似乎認為若想得到最激進的反猶太伊斯蘭教徒，就得自己培養，所以他們想借助大穆夫提，至於地點則選在德勒斯登。德勒斯登高級住宅區布拉澤維茨（Blasewitz）的一間別墅裡，窗簾全都拉上了，這間別墅原屬於一個猶太家庭，後來被徵收作為「猶太之家」，專門拘禁那些即將被處決的猶太人。之後閒置，近來則不時會看到一個「神祕的……伊斯蘭團體」在裡頭開會，知名的作家維克托・克倫佩勒如此記述道，此人就是赫爾米曾經追隨的猶太醫生喬治・克倫佩勒的弟弟，克倫佩勒醫生後來也躲起來了。

親衛隊隊員端著花瓶進屋，屋內的馬賽克是典型的中東風格，壁磚上刻有《可蘭經》的經文。這是一項祕密計畫：親衛隊轄下的伊斯蘭教師學校。在大穆夫提的領導下，這裡培育出了無數年輕的穆斯林神職人員——這些未來的穆斯林傳教士，在政治立場上保證是親納粹的。

柏林的穆斯林圈子就像是個大熔爐。這點不只對安娜非常有利，對「娜迪亞」也非常有利：不同的族裔得以持續交流，魯道夫可以一夕更名穆罕默德，英格博格可以搖身一變阿米娜，在這個圈子裡複名、複姓早就見怪不怪。赫爾米和加拉爾對此知之甚詳。這樣的情況極有利於他們偷天換日，換言之，借機讓安娜正式變身「娜迪亞」。

一九二〇年代，許多人為尋找心靈寄託走進清真寺。「恐慌者的慰藉，」法國諷刺作家伊凡・古爾（Yvan Goll）曾揶揄，「這些人轉而尋求各式各樣的古典學說之慰藉，舉凡現象學、貨幣學說、道教，甚或其他各種對神有獨到見解的教派。」結果導致：柏林有三分之一的穆斯林，是異教徒改信伊斯蘭教的。「一把佛教米，加上三匙基督教聖水，再撒上幾滴穆斯林玫瑰油，和一瓣猶太蒜片，再放進一點柏拉圖，」伊凡・古爾寫道，「這些材料所烘焙出來的蛋糕，聽說比軍隊裡用舊報紙包起來的日常麵包美味多了。」

位於威爾默斯多夫區的清真寺有段時間甚至大張旗鼓地宣傳，改信伊斯蘭教有多容易。「要成為一名穆斯林甚至不必舉行任何儀式。伊斯蘭教不僅是一個理性、遍布寰宇、務實又有用的宗教，還與人類的先天構造全然契合，人類兒童天生下來就具備了這樣的構造，所以根本無須轉換就能自然地成為一個穆斯林。想成為穆斯林的人無須向任何人交代。對教會而言，承認一個人是伊斯蘭教友純粹只是形式上的需要。」

雖然納粹藉種族法設下各種高門檻的限制，嚴格到甚至無法跨越，使猶太人幾乎不可能有機可乘，但安娜還是在這片兵荒馬亂中，找到了將自己的蹤跡就此抹去的機會。

「柏林，一九四三年六月十日，」加拉爾正在打字。這天是星期四，是個滿天星斗的夜晚，萬里無雲，甚至沒有轟炸聲和警報聲。加拉爾正在為安娜的改信伊斯蘭教製作證明文件，文件上斗大的字樣印著：證書。證書的最上方有大穆夫提的名字。「安娜・

博洛斯小姐改信伊斯蘭教後，正式取得穆斯林身分。」最後加拉爾在文件的下方簽署了自己的名字。

於是乎虛構出來的穆斯林女孩娜迪亞，在這個六月的夜晚，終於有了正式的身分文件。

假結婚

為了保護安娜，赫爾米動用了整個阿拉伯熟人圈的人脈，即便如此，安娜還是經常感到震驚，因為能得到赫爾米的信任，而託付各種祕密和危險任務的人真是南轅北轍。除了替納粹撰寫宣傳稿的加拉爾——他可是極度反猶太的大穆夫提和煽動仇恨的宣傳部長戈培爾的直屬部下——，現在又加上一個爵士樂手，此人吹奏單簧管，老愛穿著一身中東罩衫。

夜裡，他們齊聚赫爾米家，一同籌謀「白婚」（Mariage blanc）事宜——安娜和樂手哈瑪德的婚事。這天是一九四三年的六月十六日，一個禮拜前，安娜剛正式取得伊斯蘭教徒的身分。結婚日期是赫爾米選定的，埃及人所謂的「白婚」，就是指為取得身分和證件而進行的假結婚。這是赫爾米計畫中的第二步，最終目的是把安娜合法地送出柏林。第一步是成為伊斯蘭教徒，現在要進行的是第二步，跟一個穆斯林男子結婚。如此一來，虛構的娜迪亞就能成為一個真實的人物。

門一打開，是僅一人能過的縫隙。走道的燈光透進屋內。阿布德爾・阿奇茲・赫爾米．哈瑪德（Abdel Aziz Helmy Hammad）閃了進來。他今年三十六歲，比赫爾米小五歲。大戰進入第三年，但此人典型的周末夜，亦即星期五的夜晚，很可能就是跟兩個來自維也納的朋友，比方說巴爾特先生和米菈小姐，一同歡聚，三個人或許晚上十點後還相偕前往位於路德街（Lutherstrasse）的屋胡酒吧（Uhu-Bar）。「我們三個找了張桌子坐下來，一晚就喝了六瓶香檳。」

他顯然非常懂得如何享受人生，這是他給安娜的印象，他半瞇著眼敘述著享譽國際的曼姆波利口酒（Mampe-Liloer）和瑪姆香檳（Mumm-Sekt）如何能在希特勒轄下的首都，源源不斷地供貨。當時曾有外國遊客戲稱，「萬惡之城所多瑪與蛾摩拉已經在柏林重現了！」赫爾米和爵士樂手哈瑪德是一九三九年在蓋世太保的監獄裡認識的，並且變成了好朋友。

頂著漆黑的夜色，另兩名婚禮的證人也陸續到達，並且進到屋內——這令安娜感到困惑。她望著赫爾米問：有必要讓這麼多阿拉伯人參與這件亟需保密的事情嗎？

赫爾米的回答是：如果沒有證人就無法成為一樁合乎伊斯蘭教規的婚姻。既然要做就要讓這次的計畫合乎伊斯蘭教規，否則就不要做。

這兩個證人當中，有一個是他們在柏林當地的朋友蘇萊曼．阿斯—撒法爾

（Sulaiman as-Safar），另一個則是里亞德・艾哈邁德・穆罕默德——也就是那個在一九三九年，慘遭阿拉伯民族主義者加拉爾的政治算計而入獄，並且失勢的那個埃及人。赫爾米顯然跟他們兩個都是好朋友；他跟英國人的敵人是朋友，跟英國人的朋友也是朋友。最令人感到不可思議的是：這兩個政治立場敵對的人，竟然願意跟赫爾米一起來拯救一個猶太女孩。他們是這麼的南轅北轍，沒錯，在所有其他的事務上，他們都是立場敵對的。赫爾米對外表現出對納粹的絕對忠誠，此乃非常時期的欺敵手段，但藉此姿態，他逐漸組織起志同道合者，並形成互助網。

假結婚的計畫在赫爾米心中醞釀多時，一九四二年十一月他就有這個念頭了——當時他讓安娜去問羅馬尼亞大使館，如果她的羅馬尼亞護照遺失了，但她剛好要跟一個埃及人結婚，那可不可以就此換拿埃及護照？羅馬尼亞大使館的答覆令赫爾米充滿希望，對方說：「只要您能讓我們確認您的婚姻有獲得埃及官方承認，法律證件齊備，那麼，博洛斯小姐，到時您再來我們這裡，通知我們已因結婚取得埃及國籍，我們這邊就能同意。」

其實，赫爾米之前也試過其他方法想讓安娜取得埃及護照。有了埃及護照，安娜就可以離開德國，取道埃及，前往巴勒斯坦。他原本想收養安娜，但申請被駁回。日後赫爾米憶及此事表示：他試過各種方法想讓安娜離開德國，但最終都遭遇「無法克服的障礙」。後來情況越來越危急，他剛好從朋友那裡聽到麗莎・沃斯曼（Risa Wortsmann）的故事。

一九三八年這個猶太女孩從維也納來到柏林，就此銷聲匿跡。當時麗莎十七歲，而安娜現在也是十七歲。麗莎在維也納的舞廳認識了一個來自埃及，外表帥氣的化學系留學生，那個男孩自稱哈利（Harry），但其實他叫做侯賽因（Hussein）。後來相戀的兩人一起來到柏林，為了取得合法的婚姻關係，這件事雖充滿風險卻又令人懷抱無限希望，首先你得到埃及大使館去遞交資料，然後再靜待外交部的核准。就麗莎的個案而言，她最後是取得埃及護照的。換言之，因為嫁給哈利，麗莎也順利地取得了埃及國籍，後來不僅她自己去到了倫敦，連她的家人也一一被她接去了倫敦。

屋內，赫爾米直接席地而坐，他將充當證婚人——埃及話稱之為「馬頌」（Maasun），也就是為安娜主持婚禮，並代安娜全權發言的人。整場婚禮，安娜完全不必說話，而充當婚禮見證的另外兩人，也同樣席地而坐。

「伊斯蘭教婚禮」，赫爾米在證書上如此寫下。這必須是一場以宗教為名的婚禮，否則沒有用。宗教婚禮可以免除安娜到戶政事務所登記時，可能遭遇的窘境——因為到戶政單位辦理登記時，安娜的身分很可能會暴露。幾天前改信伊斯蘭教就像是為了這場婚禮而做的事前準備：這樣才能以宗教為名，爭取主管機關的尊重——換言之，希望他們不要問太多問題。

在此之前，赫爾米應該聽聞過專辦假結婚的那個組織，他們的關係網綿密，連在埃及也都萬無一失。埃及亞歷山大港的猶太醫院實為主要的窗口和樞紐，這裡坐鎮的是一個號稱來自德國埃森的假護士西婭・沃爾夫（Thea Wolf），她負責買通埃及港務警察，好讓她那些「兒子們」可以免費取得入境許可。港務警察的態度會因此變得和善，任由來自歐洲的猶太難民取道海路非法進入埃及，而非逮捕他們。沃爾夫護士會為這些猶太人物設好埃及對象，進行所謂的「白婚」（假結婚）。結婚的費用是五十埃及鎊，之後離婚再付五十埃及鎊。這樣的手法運作順暢，相當有效，挽救了許多人的性命。其中有些取得埃及公民身分的猶太人，「甚至進一步藉探親之名，把父母接到埃及。」沃爾夫護士後來在她的回憶錄中披露，「這些人來到了不朽的尼羅河國度，並藉此逃過了被送進集中營的厄運。」這也正是赫爾米和他的朋友所希望為安娜共謀的計畫。

赫爾米拿起墨水筆在紙上振筆疾書，內容非常正式：「一九四三年六月十六日，星期三，夜晚，生於一九〇六年五月六日，現年三十六歲，出生於埃及東部省（Provinz

Sharkiya）法古斯市（Fakous），但目前居住在柏林市約翰—喬治街二十三號的阿布德爾・阿奇茲・赫爾米・哈瑪德，在此舉行婚禮。結婚對象為一九二五年十一月二十二日出生於羅馬尼亞阿瑞得市，具有羅馬尼亞國籍，但目前居住在柏林新腓特烈街七十七號的穆斯林娜迪亞・博洛斯小姐。」

新郎其實不只是一名爵士樂手，這些年他在對抗納粹政權上更是不遺餘力——這就是赫爾米為什麼會把一件如此危險的事託付給他的原因。哈瑪德是少數幾個仍致力於延

二戰時期，埃及是猶太人的嚮往之地。

續一九二〇年代穆斯林—猶太人友好傳統，力抗納粹迫害的人。在選帝侯大道上，威廉皇帝紀念教堂以西，占地約五千平方公尺的區域內林立著十幾家酒吧：女王酒吧（Königin-Bar）、羅克西酒吧（Roxy-Bar）、屋胡酒吧、卡卡杜酒吧（Kaladu-Bar）、羅西塔酒吧（Rosita-Bar）、帕特里亞酒吧（Patria-Bar），還有一家地址在烏蘭街二十號和二十一號（Uhlandstrasse）的中東餐廳「撒爾克」（Schark，意為「東方」）。瑪哈德開設的卡爾頓酒吧（Carlton-Bar）則在選帝侯大道旁名為朗克街（Rankestrasse）的小路上。

身穿制服的酒吧門房只放行那些看起來優雅而高貴的客人，除此之外一律大聲喝斥並驅趕。這麼做也是為了有效過濾帝國音樂協會派來刺探內情的探員，這幫人總是穿得非常寒酸，即便偶爾真的被他們混進去了——他們的目的在搜查酒吧裡有無躲藏猶太樂手或演奏美國作曲家歐文・柏林（Irving Berlin）或喬治・格什溫（George Gershwin）之流的「黑人爵士樂」和「猶太爵士樂」——台上的樂手也會立刻做出暗號警告並更換樂譜。演奏到一半的黑人爵士樂名曲《老虎散拍》（Tiger Rag）立刻換成了德國樂曲《黑豹》（Schwarze Panther）。他們也耍得褐衫軍探員團團轉。

安娜的新郎哈瑪德其實多年來——早從一九三九年他和赫爾米一同被關在蓋世太保的監獄裡——一直都在暗中幫助猶太樂手。比方說，猶太小提琴手保羅・魏亞培爾

（Paul Weinapel）在一九三〇年代後期因帝國音樂協會的施壓，雖失去了在謝爾比尼酒吧（Sherbini）駐演的機會，但在哈瑪德的幫助下，他帶著整個樂團轉移陣地至西羅酒吧（Ciro-Bar）。等到帝國音樂協會不再注意他們時，又悄悄重返謝爾比尼酒吧。

西羅酒吧就位於哈瑪德開設的卡爾頓酒吧旁邊，老闆艾哈邁德・穆斯塔法（Ahmed Mustafa）一樣是埃及人。此人於一九二〇年代後期來到柏林，一開始是以經營雜耍歌舞團大受歡迎，後來開設酒吧，夜裡總能讓觀眾為了一睹傑出樂手，例如爵士鋼琴家弗里茨・舒爾茨─賴歇爾（Fritz Schulz-Reichel）的風采與演奏而大排長龍，此人就是後來以「瘋狂奧托」（Der schräge Otto）聞名於世的演奏家，他喜歡把圖釘釘在鋼琴內部的弦錘上，以製造出當時流行於世紀交替之際的酒吧鋼琴風。

一樓鮮豔的紅陶牆壁上掛滿劣質藝術品，舉凡埃及豔后到當時的埃及國王法魯克一世的肖像，不一而足。有位酒吧客人曾嘆為觀止地說，「再往上走一小段階梯，我們來到了一間銀色房間，在這裡你可以享盡最優雅奢華的人生。」如果要找比這裡更高級的，就只有前面提到過的謝爾比尼酒吧了，這間酒吧的主人是穆斯塔法・埃爾─謝爾比尼（Mustafa el- Sherbini），同樣是埃及人，是位外表俊美的花花公子，也是爵士樂鼓手，他娶了一位德國伯爵的繼女。以上提到的這些人都是新郎哈瑪德人際關係網中的要員。

證婚人赫爾米醫生象徵性地拿出一百馬克當作給新娘的聘儀。他再次拿起墨水筆，並且在證詞的結尾寫下：「此乃伊斯蘭婚姻，謹遵真主之《可蘭經》與先知之聖訓。」

他請在場的人一一簽名。安娜接過墨水筆，將自己的穆斯林名字簽在結婚證書上——**娜迪亞**。

蓋世太保步步進逼

偶爾，當清晨的施普雷河仍緩緩地吐納著冰涼、朦朧的霧氣，安娜和艾咪會相偕往下走，順坡散步至河畔。兩個年輕女孩相處得非常愉快，她們一起出來遛狗，悠悠閒閒——就像家人，也像姊妹淘，在去診所上班之前先享受片刻愜意。如果有人好奇探問，總是由較為年長的艾咪回答：這少女是她阿拉伯未婚夫的姪女，乖巧又懂事。安娜則在一旁點頭致意，完全不說話。

安娜和爵士樂手哈瑪德舉行伊斯蘭婚禮後一星期，夏洛騰堡的戶政機關來信了，安娜戒慎恐懼地打開信封，彷彿裡面裝著稀世珍寶一般。信的內容是：經審查，此婚姻申請案無法獲得「核准」。計畫泡湯了：安娜原想藉結婚取得埃及護照，她也真的在柏林的穆斯林小圈子裡舉行了正式的婚禮，原本她以為這樣就能夠取得通行證，從此邁向自由，無奈「計畫泡湯」。安娜後來追憶，「德國當局竟然不同意。」閱信至此她還沒有很害怕，但繼續往下看，看似平常的最後一句「敬請近日親自至本單位取回所屬文件」，卻已讓她瞬間宛如跌落地獄般驚嚇。

這是陷阱！一個有去無回的陷阱！尤其讓她產生戒心的是戶政機關駁回她結婚申請的理由。

納粹的種族法要求：「含族」（含米特人）若要和德國人結婚，必須先通過種族審查。赫爾米和艾咪先前就有過不愉快的經驗。一九三九年聖誕節前夕，兩人宣布訂婚後計畫結婚。赫爾米回憶：後來因為「族裔」問題，他們的結婚申請被駁回了，但駁回理由竟沒有寫在官方的審查說明上，正式的公文上竟載明「可結婚」。

同樣的事情再次發生——這次夏洛騰堡的戶政機關給新人安娜和哈瑪德的答覆是：「根據本案所附資料，帝國司法部長無法簽准台端所請之結婚申請。」這樣的答覆委實令人擔憂，甚至可說是一項警訊！但安娜他們所遞交的申請資料上並沒有洩漏安娜的身分，也沒有任何地方提到她是猶太人！白紙黑字上寫的全是「娜迪亞小姐」，一個毫無疑問、絕對是穆斯林的女孩。照理說，這只是一場純穆斯林的聯姻，即便有種族法，納粹的法官還是應該要接受這樣的結婚申請！但根據對方的通知函，主管機關顯然把這樁伊斯蘭婚姻當作是一樁異族聯姻來處理了，也就是說不單純是兩名穆斯林的婚姻——莫非他們已經發現了什麼？

一九四三年六月底，首先是戶政機關寄來駁回結婚的通知，不久之後更棘手的通知來了：當局要求安娜必須盡快向羅馬尼亞大使館報到，以便安排「離境」。上次收到這樣的通知書是一年前的事了。安娜原以為已經沒事，因為父母已向蓋世太保通報她主動離境，前往羅馬尼亞，蓋世太保也因此早就不追查她的下落了。

這次的信件是寄到安娜新腓特烈街的舊家，但那房子早就因為「亞利安化」被徵收了。原先的水果行樓上，也就是安娜一家人的住家，如今只有當初深受祖母信任的水果行經理奧托・布亞先生偶爾會過去看看有沒有信件，所以納粹當局已經循著線索把一切兜在一起了？肯定有「某個」地方出錯了；在他們的伊斯蘭結婚證書上，赫爾米竟百密一疏地在最後把安娜的真名給寫了上去，而非使用「娜迪亞」。真是太大意了！

所以當他們把結婚的申請資料送到戶政機關時，蓋世太保發現了安娜的蹤跡。安娜和赫爾米同時行蹤敗露。赫爾米在結婚證書上的簽名，讓他的行徑在當局面前曝了光。他是「娜迪亞」的證婚人，所以，如果蓋世太保現在要發動攻勢，那麼不找他要找誰？這傢伙竟把他們當白癡耍得團團轉，他們會怎樣處置和對付他？

就在安娜因收到這封信而深感惶恐時，無數載滿驚慌人們的貨車再次呼嘯過莫阿比特的街頭；他們全都要被送去貨車月台，準備離開。一九四三年六月二十八日，共有三百一十四人被送上火車貨車廂，從莫阿比特出發前往奧斯威辛。

戰後，赫爾米回憶起一九四三年的這個夏天，他覺得安娜的惶恐已越來越深：「蓋世太保又開始來找我的碴，他們到我克雷費爾德街七號的家中探詢猶太少女的下落。我家一共被搜索過兩次，並且不停地盤問我。」安娜回憶道：「醫生不得不將我帶往別處藏匿，並且偷偷接濟我糧食。」

赫爾米住的地方其實一直很受當局矚目。被安排聚居在克雷費爾德街七號的這些人分別於一九四一年、一九四二年和一九四三年，最後一次踏上下樓的階梯，有的是自己走，有的是被蓋世太保硬拖著下樓。緊鄰著赫爾米住處的科尼策夫妻有兩個女兒，她們的年紀與安娜相仿。姊姊烏蘇菈後來結婚，並與丈夫一起逃往巴勒斯坦。妹妹露絲則是先去位於菲爾斯騰瓦爾德鎮（Fürstenwalde）附近的古特・聞克爾（Gut Winkel）就讀猶太農業學校，為前往巴勒斯坦預做準備。可惜她後來沒有及時成行，一九四三年五月一日不幸死於奧斯威辛集中營。而她的父母則早她一步，於一九四三年一月十二日同樣死於奧斯威辛。比較幸運的只有住在一樓的菸草商馬庫斯・列瑟爾和他太太，他們雖被送進特雷津集中營（Theresienstadt），最終仍活了下來。

面對不懷好意的鄰居和步步進逼的蓋世太保，安娜只能繼續佯裝穆斯林以作為自保，但這樣的偽裝已經越來越不安全，尤其是當安娜的母親——外套上別著醒目的猶太星——按下安娜住處的門鈴時。

最後的謊言

在那段非法藏匿的日子裡，安娜當然沒有紅、黃、藍、綠、粉紅等各色糧票。情況允許時，母親和繼父會帶些食物過來給她。星期天下午是安娜跟她真正的家人——在一九四三年的那段日子裡——唯一可以聚會的時間，地點在赫爾米家，窗簾當然全都拉上了。這裡也是他們唯一可以得到安娜祖母消息的地方，因為祖母現在只跟深受她信任的前水果行經理奧托・布亞聯絡。赫爾米是所有消息的匯聚點。

但赫爾米為什麼不請他們晚上再來？畢竟他們的身分敏感。赫爾米認為寧願大家白天來，這樣反而不會引起鄰居猜疑。醫生跟從前的病人聚會，這有什麼好奇怪的？這是赫爾米的想法。

但安娜並不樂意如此。每當母親和「那個胖子」——也就是她的繼父，星期天過來用餐時，安娜總感不悅，她後來追憶道，「他們的話題總繞著猶太人和藏匿者打轉。」安娜的母親和繼父並沒有意識到他們的來訪會對主人，亦即赫爾米、艾咪，和「娜迪亞」，這個穆斯林—德國小家庭帶來怎麼樣的危機。安娜的母親和繼父基本上不會有任何危險。因為繼父不是猶太人，母親和繼父的婚姻關係保障了母親不在納粹的驅逐之列。所以他們可以合法立足於德國社會。可是他們的漫不經心雖危害不到自己，卻會為安娜和赫爾米醫生帶來不少困擾。

安娜的母親起初在一家名為「玫瑰商社」（Rose & Co.）的原料大盤商那裡服強制勞役，這家公司位於旬能貝爾格區摩努門藤大街十五號（Monumentenstrasse 15 in Schöneberg）。現在她換到了阿雷松德街九號（Aalesunderstrasse 9）的「赫爾曼」（Herrmann）公司擔任廠務文書。安娜的繼父喬治・韋爾則因未被徵召入伍，得以自由行動。更幸運的是，他雖「與猶太人聯姻」，打工的香腸工廠卻是軍隊的協力廠商，這家工廠在戰時備受當局重視。

這天是星期日的傍晚，安娜一家人正在赫爾米的住處聚會，卻突然有人敲門。年輕男子臉上滿是瘀青和血跡。他是安娜的舅舅馬丁・魯德尼克。蓋世太保下手毫不留情，這次的酷刑造成安娜的舅舅終身左耳重聽。馬丁・魯德尼克一直住在紅粉知己希爾德嘉德・烏伯瑞西位於威爾默斯多夫區的家，並藉黑市交易賺錢。其實鄰居們要看到他幾乎是無可避免，尤其是夜晚跑空襲警報時。這已經不是他第一次被喜歡密告的人檢舉了，但之前的下場從沒有這次這般悽慘。

第一次被抓後他順利逃脫了，可謂不幸中的大幸：當時他被地方警察在巴伐利亞廣場抓到後送往蓋世太保處，亦即位於布爾克街的國家警察指揮部。要從指揮部遣送至萊維佐夫街的猶太人臨時集中營時，馬丁看到了逃脫的機會——維持秩序和押送犯人的風紀人員乃猶太人。馬丁認識其中的一個。趁著月黑風高，在卡車行經勝利紀念柱（Siegessäule）時，馬丁跳車了，並急速奔回藏身的威爾默斯多夫區。

可惜這次他就沒有那麼幸運了。他們在亞歷山大廣場旁開設水果行的地方，後來因亞利安化被徵用，而一家名為「赫拉博夫斯基」（Hrabowski）的公司在那裡設了分行。一名曾任職於那家公司的男子在街上認出了馬丁，並向蓋世太保密報。於是馬丁又被抓進了布爾克街的國家警察指揮部，這次他們的用刑極盡殘酷。蓋世太保想從他口中逼問出是誰藏匿他的。受盡酷刑的馬丁最後還是沒有供出希爾德嘉德・烏伯瑞西。被遣送至萊維佐夫街的猶太人臨時集中營後，馬丁趁著大家不注意竟奇蹟似地又從窗戶逃脫了。這次他很清楚，他不能再回到希爾德嘉德・烏伯瑞西的住處，否則早晚會害死她。

無法回到希爾德嘉德身邊，馬丁只好來投奔赫爾米，那天正好是安娜一家人的週日聚餐時間。換句話說，他根本不管會讓赫爾米承擔多大的風險。他倚在門邊氣喘吁吁，赫爾米見狀趕緊將他拉進屋。安娜覺得不可思議：「這將陷赫爾米醫生於何等危險境地，天啊，任誰都想像得到吧！」

但赫爾米醫生卻完全沒有動怒，他拿錢給馬丁，並且為他張羅吃的和喝的。稍事休息後馬丁才又起身，繼續前往尋找其他可能庇護他的友人。

安娜很清楚，自己的家人已經變成赫爾米醫生最大的危險來源。不過赫爾米也早就未雨綢繆了，他為安娜找好了其他可以臨時藏匿的地方，萬一真的遇到危急狀況，才能立刻應變：短暫幾天的話，赫爾米可以將她安置在他的女病人弗莉妲・茨都曼位於斯塔肯區的家中，安娜的祖母也藏匿在那兒。接下來還可以去弗莉妲的妹妹位於利希特費爾德區的家中，最後則可以去新克爾恩區（Neukölln）找一個名叫施密特的護士幫忙。安娜回憶道：「經過了三個禮拜後，赫爾米醫生又敢把我接回家了。」

為了救安娜，赫爾米至今編了無數謊言欺騙蓋世太保，但眼前最重要的是他必須再編一個全新的、最大的謊言來為至今所有的謊自圓其說。這個謊是為了以防萬一。赫爾米草擬了一封信；他唸，安娜手寫，收信人是赫爾米自己。寫完，赫爾米將信仔細地折好，收妥。

安娜的肺部不時發出可怕的聲音，雙腳也被凍傷了。天寒地凍，柏林潘科區

（Pankow）北邊的布赫村（Buch）裡一棵棵樺樹顯得枯槁。矮小而殘破的房舍只能用紙板臨時遮蔽，縫隙處長滿了青苔。近來夜裡總是警報聲不斷，持續的轟炸讓夜空明亮如晝，越來越多人只好遷離這些殘破不堪的房舍。戰爭持續的時間越久，一切就越像是回到了起初，風暴席捲而來的力道就越顯強勁，所以許多猶太人躲進了小型農耕聚落（Schrebergarten-Siedlungen）。日後成為德國名主持人的漢斯・羅森塔爾（Hans Rosenthal）當時與安娜同年，他藏身於利希藤貝爾格區（Lichtenberg）的一處名叫「三位一體」（Dreieinigkeit）的農耕社區，當時他還只是個年紀很輕的少年。另外德國知名女星英格・邁塞爾（Inge Meysel）的父親當時年約五十幾，經由前祕書的幫助，同樣藏身克佩尼克區（Köpenick）的一座農耕小島。

雖然當局一直威脅要派警察來進行清查，以防有「黑戶」落腳於這些農耕聚落。納粹黨的機關報《人民觀察家報》（*Der Völkische Beobachter*）甚至信誓旦旦地宣示，「切勿屢勸不聽，這將是最後警告。」不過所謂的近期將派警清查，就一九四三年底而言，也已經是三年前的事了。在主管機關獲得的居民人數統計上，數字往往落差很大，顯然納粹已經對這些農耕社區完全失去掌控了。「長期設籍」在柏林這些小型農村聚落裡的居民現在到底是十二萬人，兩千五百人，還是四萬九千人？當局完全無法確定。赫爾米認為，這樣的混亂對他們而言無疑是一種保護。

赫爾米和他的未婚妻艾咪也曾借助於這種小型的農耕聚落，亦即布赫村的一個農村社區；一九四三年十一月二十七日的空襲，造成他們在莫阿比特區的住處部分受損，那一次他們便把安娜安置到農耕社區。赫爾米委實厲害，他並沒有讓蓋世太保知道他在農耕社區另有住處。安娜回憶道，「他就是有辦法讓蓋世太保完全查不到。」赫爾米位於赫斯騰巷七十號（Höstenweg 70）的農耕區住處或許是用假名登記的。也或者那房子並不是他的，而是艾咪家人的。

農耕社區裡的人對他們充滿猜忌，有些人似乎看出了端倪。安娜認為長久下去自己的身分很可能會被揭穿。所以她繼續佯裝穆斯林女孩。「我女兒覺得不能什麼都不做，」安娜的母親回憶道，「什麼都不做一定會被發現。或許她還太年輕，所以赫爾米醫生還是每天帶她去診所，雖然這其實很危險。」

每天早上安娜依舊圍上她的穆斯林頭巾，赫爾米依舊帶著她一同前往夏洛騰堡的診所。他們幾經評估後認為，突然違反常態或許才更危險，因為一定會引來注意和不必要的探問，所以他們決定把戲繼續演下去。

不管他們對外多麼小心，最大的危機其實就潛藏在他們身邊。導致他們曝光的既不是好奇鄰居，也不是虎視眈眈的巡警，而是安娜的母親。母親生活得既公開又合法，驅逐令對她絲毫不具威脅。她唯一要做的就是每天早上出門去服強制勞役。安娜後來震驚地發現，母親任職的工廠裡同樣服強制役的許多女人「竟慢慢地全都知道了我藏匿的事，甚至對來龍去脈知之甚詳。」

或許是因為猶太女孩假扮成穆斯林的故事實在太精彩和刺激，安娜的母親很難藏在心底不告訴別人。安娜其實早就在擔心，因為她深知母親總想贏得別人的認同和肯定，所以很難藏得住祕密。安娜忍不住抱怨：「雖然我們一再告訴她不可以跟別人講，但她永遠學不會教訓。」安娜對母親這種不經大腦的行為感到憂心，對「她那口無遮攔的個性」感到憤怒，戰後每當憶及這件事她就會忍不住批評。

蓋世太保終於耳聞這件事，並且決定採取行動。安娜的母親於一九四五年一月十日被捕。他們把她帶到——原本是猶太醫院病理大樓的——舒爾大街七十八號（Schulstrasse 78）臨時集中營去審問，希望藉此得知更多內情。原來的猶太醫院則移到了漢堡大道（Grosse Hamburger Strasse）上的另一處臨時集中營裡。蓋世太保想知道她那個假扮成穆斯林的女兒現在人在哪裡？遠遠地就能聽見裡面有人在用刑和逼供，沒有人知道被逼供的人是否有挺住。事後安娜的母親坦承，「我真的做錯了，我不該把女兒藏匿起來的事到處跟人講。」

安娜後來回憶，「那幾天，不管是白天或夜晚，真的都好可怕！」赫爾米決定動用最後的緊急計畫。他主動找上蓋世太保。他先發制人地去到布爾克街的國家警察指揮部。因為心虛最容易導致事跡敗露。理智氣壯和義無反顧的態度，或許反而能取信於蓋世太保。這種事赫爾米早就訓練有素；現在他簡直堪稱這方面的大師。他直接找上正在追查安娜行蹤的專責警員，並且擺出萬般無辜的姿態：「我是這場騙局裡的受害者！」接著更拉高音調控訴：「那個猶太女孩竟藏匿在我身邊！就是那個安娜！」

赫爾米決定再用一次膽大妄為的方式對付蓋世太保。他把安娜之前寫好的信從手提包裡拿出來——這封信是他唸給安娜寫的——他計畫中的最後一個謊言，而這個謊必須要能掩蓋他之前所撒的所有謊言。

「關於我的出生來歷完全是騙你的。」信中安娜滿是懺悔地寫道，並坦承自己是猶太人。信中寫道，藉由這封信她想告訴赫爾米醫生：她決定離開此地，前往德紹（Dessau）投靠她的姑姑。

赫爾米聲稱，女孩不見之後他才發現這封信，所以他絕非幫兇，絕不是那個猶太女孩的同夥，事實剛好相反，他是受害者，他完全被她騙了。

但赫爾米怎麼會被一個這麼顯而易見的謊言所騙，赫爾米要怎麼叫蓋世太保相信？他竟然收留了一個沒有身分證件的陌生女孩，而且還從沒有懷疑過她可能是猶太人？這叫別人怎麼相信他？況且：赫爾米身為一個穆斯林和阿拉伯人，這樣一個猶太女孩怎麼有辦法讓他相信她也是穆斯林，是阿拉伯人？而且還冒充他的親戚！此外，事情怎麼這麼剛好，就在蓋世太保發現猶太少女安娜藏身赫爾米家的這一天，她就又不見了——又逃往德紹了？

「警察先生，你們一定得把這女孩找到！一定要把她抓起來！」赫爾米義正辭嚴地說——但其實他緊張得幾乎不能呼吸了。

前往開羅

木門前的垃圾顯然已堆放在那兒很久了，一隻矯健的小貓正在咬扯一個綁死的塑膠袋，橘子皮終於掉了出來，接著尿布、樹枝、菸蒂一一掉了出來。一樓的窗戶全加裝了欄杆或用鐵絲網封了起來，為的就是不要讓人再亂扔垃圾和丟擲石頭，不要像二樓那樣遭到破壞；二樓的窗戶已經被砸破，窗櫺上的碎玻璃呈鋸齒狀，微微泛黑。

走在開羅這條滿是塵埃的市集長巷裡，一直往前，盡頭便是這扇木門。駐足，抬頭，映入眼簾的是兩塊白色的大理石碑。上面刻著：**我是主，你的神**。還有：**不可殺人**。以及另外八句。此乃十誡，很久以前有人用希伯來文將它精雕細琢地篆刻在此，但下面用簽字筆寫的阿拉伯文髒話卻是新添的。

如今在開羅的舊猶太區裡唯一能找到猶太教堂只有這間，鼎盛時期這裡曾有十五間猶太教堂。這條巷子寬不過三公尺，鈴木小貨車勉強能通過，只見貨車上載滿紙箱。開羅市集的每一條街道都得按規定販賣特定商品；這條巷子裡賣的是女孩玩具、亮晶晶的首飾、手環和各式玩偶。據說舊猶太區裡曾有三百條這樣子的市集巷弄，但如今只有僅存的這條「猶太巷」（Haret al-Yahud）仍在憑弔猶太人曾生活在這裡——這個曾被稱為「美好之地」（el-Gammaliyya）——的那段歷史。貓咪正在啃咬一根光禿禿的玉米。聽見噓聲，立刻跳開。穆罕默德・赫爾米醫生住在這個擁有不少猶太人（但猶太人在這裡乃少數民族）的開羅首都裡，已是一百年前的事了。

現在這裡已找不到有關赫爾米醫生和安娜的第一手資料了。安娜於一九八六年於紐約過世，赫爾米醫生於一九八二年於柏林逝世。如今若想追查他們兩人的事，只能向他們還在世的親人探詢，例如，赫爾米醫生的親戚納賽爾・寇特比（Nasser Kotby）教授，他目前住在開羅。遠赴埃及見他，真的非常值得，同樣值得的當然還有親自拜訪赫爾米醫生的其他親人。這趟開羅之行，我的收穫不只在於對往事的求證，更大的收穫還在於對現況的種種了解。

猶太巷裡的這間猶太教堂於一九一〇年落成，並命名為「邁蒙尼德教堂」，為的是紀念中世紀最偉大的猶太哲人摩西・邁蒙尼德（Moses Maimonides）。「其實他應該叫作伊本・邁蒙（Ibn Maimun），」納賽爾・寇特比教授笑著糾正，他乃赫爾米醫生的親人，「真的不能叫他邁蒙尼德。拜託，這樣叫他太對不起他了！『邁蒙尼德』是一個希臘化的名字，他的名字應該是伊本・邁蒙。」

象徵猶太教的大衛星和象徵伊斯蘭教的半月——兩大宗教的象徵圖案，並存於開羅猶太教堂的鐵門上，如今這座教堂已荒蕪、毀損。
Courtesy of the Department of Special Collections, Standford University Libraries

一頭白髮，身材魁梧的寇特比教授穿著條紋西裝，看起來非常優雅而高貴。荒廢的猶太教堂外，我們站在大太陽底下，他忙著尋找遮陰處。教授現年八十歲，是赫爾米醫生的曾侄孫，目前是埃及排名第二的大學之醫學系榮譽教授。

寇特比教授認為：中世紀的博物學家伊本・邁蒙應該要受到所有埃及人的尊敬，並以他為榮，一如其他許多傑出的猶太人，比方說，以演唱阿拉伯香頌歌曲著名的偉大女歌星勒伊菈・莫拉德（Leila Mourad），她是赫爾米少年時期埃及最紅的流行歌手之一，此外當然還有許多猶太藝術家、作曲家和思想家。戰前埃及乃一三教並立的國家，內閣當中不乏基督教首長和猶太教部長。當時的猶太人是埃及社會理所當然的一份子。

摩西・邁蒙尼德，亦即伊本・邁蒙，這位猶太思想家在中世紀就曾撰文力主：我們不該用字面的意義去理解聖經，而是該掌握其中的象徵（比喻）意義。這樣的主張讓十九世紀猶太啟蒙運動的哲學家大受鼓舞並加以援引。邁蒙尼德的傳世名言中有一段話：「我們的智能無法掌握上帝之本質，就像我們的視力無法看清楚太陽光一樣。」但值得注意的是，伊本・邁蒙所採之措辭並非「上帝」而是「阿拉」。他留世的所有文章幾乎都用母語阿拉伯文寫就。生前他一直住在開羅。

一百年前，當赫爾米醫生仍是小學生時，埃及境內大約有十五萬猶太人。赫爾米的一位堂兄弟還娶了猶太女子。寇特比教授說那位猶太嬸婆在開羅經營一家高級時裝店，但一九四五年埃及境內開始了反猶太少數民族的風潮，血腥屠殺接連發生，對猶太社區的轟炸於一九四九年更達到了高峰。阿拉伯民族主義者公開指責猶太鄰居為萬惡的敵人。猶太巷內烽火四起，夜裡總是警報聲不斷。一九五六年埃及境內的猶太人幾乎全數被驅離他們曾經的家鄉埃及。據說現今生活在埃及的猶太人不到百位。

寇特比教授有些感傷地說：「如果信了那些人的瘋言瘋語，真的會以為現在的埃及境內還滿街猶太人。」其實現今在埃及，大家提到猶太人的方式更像是一種惡意詆毀。換言之，可以說是一種非常流行的羞辱別人的方法，寇特比教授很不以為然地說，比方說，罵對方具有猶太血統或娶了猶太女人，而且「我們從小就被教導，有關猶太集中營或滅絕營的事全是編出來的謊言。」埃及官方報《伊斯蘭旗幟報》（*Al-Liwaa Al-Islami*）總編輯穆罕默德・阿爾—祖爾加尼（Muhammad al-Zurqani）在二〇〇四年就曾以「猶太人被集體焚燒乃謊言」為標題寫了一篇類似的報導。歐洲猶太人真的經歷過種族滅絕？有人說這不過是猶太復國主義者所編出來的謊言，至今仍有為數眾多的埃及人相信這樣的論調。

伊本・邁蒙猶太教堂業已荒廢，但另一間位於開羅名叫「天堂之門」（希伯來文Shar Hashamajim，德文Tor des Himmels）的猶太祈禱寺則還在營運。祈禱寺位於阿德力大道（Adly-Street）上，這是一條非常寬敞、車水馬龍的大馬路。建築物的外觀看起來很像一座監獄：二十五公尺高，牆上開了兩排整齊劃一的小窗，全數加裝鐵欄杆，中間的牆面繪有具象徵意義的結實累累的棕櫚樹和大衛星。即便是在星期六上午的安息日晨禱時間，也幾乎不見有人前來做禮拜。屋外有荷槍實彈的埃及警察負責這座祈禱寺的維安工作。他們會驅趕所有靠近的好奇者，因為這些人絕非信徒，否則不會不知道要從後巷的暗門進去。

寇特比教授對於猶太人能在埃及境內自由活動的那個年代心生嚮往。「他們在歐洲總是被迫害。但在中東，在以穆斯林為主的地區反而能自在地生活。」所以，這裡對猶太人曾有過一段比較容忍的時間？「這麼說不對，」寇特比教授回答，「不能說容忍！容忍的意思是：我忍受你的行為與我不同，倘若有朝一日你被這個世界吞沒了，我根本不在乎，因為無關痛癢，我不會變得比較差也不會比較好。『容忍』兩字絕非正確的用詞，應該說『重視』！」

戰後他曾多次前往柏林探訪他的叔公赫爾米醫生。他們會一起去看戲，去餐廳，或者「去探望我們的老祖母，」寇特比教授說，「她之前曾落腳夏洛騰堡，如今移居小島上。」其實他說的是知名的埃及半身像娜芙蒂蒂（Nofretete），如今這座雕像被收藏在柏林的博物館島上展覽。

赫爾米後來一直定居德國。為什麼戰後他不離開卻一直待在那兒？對此赫爾米醫生的開羅親戚們也無法回答。難道他從沒有想過要離開這個業已被轟炸成廢墟，變得既貧窮又可恥的國家？寇特比教授聳了聳肩，只回答戰後赫爾米醫生在德國確實度過了一段很美好的生活。他終於獲准和未婚妻艾咪結婚。同盟國勝利後，主政者一樣想任用政治上沒有爭議的人；赫爾米甚至被任命為柏林布赫醫院的院長。

赫爾米確實很幸運。一九四五年初他主動找上蓋世太保，並且祭出自導自演的最後一則謊言。他的膽大妄為很可能會導致他就此斷送性命，但他卻決定賭上一切，主動出擊且直接面對蓋世太保。蓋世太保很可能會察覺他的話漏洞百出、大有問題。幸好戰爭結束前那幾個禮拜，沒有人有心再去查證赫爾米的那些匪夷所思的自述，赫爾米終於可以鬆一口氣——並耐心等候獨裁政權的末日到來。

一九四五年四月二十一日蘇聯紅軍開進了柏林布赫區。安娜終於可以摘下穆斯林頭巾，再次光明正大地做回一個猶太女孩，並且不需為此時時恐懼生命受威脅。戰時，身為一個猶太女孩，她之所以能夠活命全拜佯裝穆斯林所賜。

多年後，亦即一九六〇年六月二日，安娜在紐約公證人希奧朵拉・約薇・霍伊特（Theodora W. Joven Hoyt）的辦公室內宣示並簽署了一份正式聲明；這份聲明之後被寄往柏林約阿希姆施塔勒爾街（Joachimstaler Strasse）的猶太教會和德國參議院：赫爾米醫生，此一婉拒所有感謝「難能可貴之人」實應受到表揚。

二〇一三年秋，一枚勳章在耶路撒冷鑄造完成，上面刻著：「拯救一條生命實乃拯救了一整個世界。」這是源自於猶太經典《塔木德》中的一句格言，但無獨有偶，翻開《可蘭經》幾乎也能讀到一模一樣的內容。以色列猶太大屠殺紀念館（Yad Vashem）至今為止將超過兩萬五千名在二戰期間幫助和救援過猶太人的男女列名為「國際義人」（Gerechten unter den Völkern），以資表揚。當中最著名的故事就是法蘭克福少女安妮・法蘭克（Anne Frank）受一對阿姆斯特丹夫妻梅普・吉斯（Miep Gies）和詹・吉斯（Jan Gies）的幫助，而得以藏匿並暫時躲過納粹的迫害。雖然類似的感人史實無數，但本書的故事依舊是獨一無二的。因為「國際義人」錄雖然有將近百位穆斯林，他們主要分布在巴爾幹地區和中東，但至今為止卻只有一名阿拉伯人，那就是：穆罕默德・赫爾米。

猶太大屠殺紀念館邀請赫爾米醫生的開羅親戚們出席觀禮。這應該是一件值得慶祝的大事。但赫爾米醫生的親戚們不願前往，他們拒絕受獎：因為頒獎機構是以色列單位。這件事很快演變成政治事件，以色列猶太大屠殺紀念館的網頁上出現了許多留言和批評，多則甚至是由署名「猶太復國主義陰謀」的網友所寫，內容直指赫爾米只是被以色列利用來當作政治宣傳的工具和白癡。

在這之前其實就發生過類似的事情。美國的歷史學家羅伯特・沙塔洛夫（Robert Satloff）曾經嘗試過要報導那些救援過猶太鄰居的阿拉伯平民英雄。在他二〇〇六年出版的《義人們》（*Among the Righteous*）一書中，曾針對北非地區進行了許多調查，因為那裡居住過不少猶太人。一九四〇年受納粹控制的法國維琪政權（Vichy-Regime）在摩洛哥頒布了反猶太的法律，但當時的摩洛哥蘇丹穆罕默德五世卻陽奉陰違，拒絕真正執行，甚至還在一九四一年邀請境內所有猶太經師前往馬拉喀什（Marrakesch）參加王室慶典及觀禮儲君加冕。

蒐集資料的過程中，沙塔洛夫驚訝地發現：自己竟處處碰壁。他就像在觸犯禁忌。他原本以為，阿拉伯國家應該會很樂見有人想表揚其子民的英雄事蹟！「我寫信給當地的外交人員、記者、學者和政治人物，」沙塔洛夫的結論是，「所有人的反應都一樣——不予答覆。」

於是沙塔洛夫決定換由極負盛名的那則巴黎故事著手：掌管巴黎大清真寺的伊斯蘭教長西卡多爾・本加布里特（Si Kaddour Benghabrit）在二次大戰期間曾協助過許多猶太人藏匿。由法國導演伊斯麥爾・費洛磯（Ismaël Ferroukhi）所拍攝的坎城影展得獎鉅作《自由人》（*Les hommes libres*，二〇一一年）就曾描述過這則故事，並勾勒出許多震撼人心的畫面。可惜，沙塔洛夫認為，這部片呈現的與其說是史實，不如說是傳奇，所以真實性並不高。

二〇〇七年沙塔洛夫建議以色列猶太大屠殺紀念館將「國際義人獎」頒給突尼斯人哈立德・阿布德阿・瓦哈卜（Chalid Abd al-Wahab），但隨即遭遇第二次意想不到的碰壁。國際義人獎的主辦單位婉拒了他的提議，換言之，受到單位主管石丹芬（Irena Steinfeldt，致中文編輯：此為台灣新聞稿對她的慣用中文翻譯名）的反對，其反對理由是：一九四二年，當時才三十一歲的哈立德・阿布德阿・瓦哈卜，雖幫助了兩個猶太家庭，將他們藏匿在其富有家族的鄉下別墅中，成功讓他們免於受納粹迫害和遣送至勞改營，但這個突尼斯人幫助猶太人的行為並沒有導致自己的生命受到威脅，而獲頒國際義人獎的先決條件是：此人必須差點付出生命代價。

但有人持不同的意見。在石丹芬女士之前的國際義人獎單位負責人莫迪凱．帕爾迪爾（Mordecai Paldiel）則指出：過去有不少位歐洲受獎者乃基於「冒著受嚴懲的危險」而獲獎，他認為透過沙塔洛夫的提案乃是對阿拉伯世界釋出善意的一次大好機會，可惜帕爾迪爾的建言同樣未獲採納。

身為歷史學家的沙塔洛夫感慨地說：事情反映的常常不只是過去還有現在。對兩大陣營而言，猶太陣營一如阿拉伯陣營，「過去都是強烈的動機、仇恨和合法性的來源。」

寇特比教授家的客廳裡深色的埃及河馬木雕旁高掛著中國宮燈，瓷器則是來自瑞典，精緻的雕塑來自德國上阿瑪高（Oberammergau）。那天是星期五，男管家放假，教授親自端上待客的錦葵花茶。他是個遊歷過各地、富國際觀的人，會說多國語言，但是連他也對以色列猶太大屠殺紀念館的盛情敬謝不敏。「誰說以色列猶太大屠殺紀念館能代表所有猶太人？」赫爾米在柏林英勇救助猶太人的那個年代，亦即一九四五年之前，世界還沒有以色列這個國家呢！即便現在，絕大多數的猶太人也不住在以色列。寇特比教授認為：以色列猶太大屠殺紀念館「只是想利用赫爾米的英雄事蹟來搞政治宣傳。」

赫爾米的親戚現在住的地方綠樹成蔭，安靜又漂亮，這裡是開羅的赫里奧波里斯區

（Heliopolis）。屋前種滿了盆栽，屋內：鑲金的畫框，精緻的刺繡抱枕，敞開的陽台大門。入夜後赫爾米的另外兩位親人陸續到來，一位是他的姪子，一位是姪孫。他們在寬敞的沙發上舒適坐定，氣定神閒地抽著菸，輕啜濃縮咖啡。他們一個是退休將領穆罕默德・埃爾—凱利續（Mohammed el-Kelish），一個是退休軍官艾哈邁德・努爾・埃爾—丹・法格哈爾（Ahmed Nur el-Din Farghal）。他們一致認為：「如果今天要表揚他的是其他國家，我們會非常高興。赫爾米願意幫助任何人，無論對方信奉的是什麼宗教，但現在以色列卻單獨強調他援救了猶太人，並且為此要加以表揚他，這樣的評斷對他的人格和事蹟都很不公平！」

對照過去穆斯林和猶太人的親近，益顯今日穆斯林和猶太人的疏離。新近發生的事顯然掩蓋了過去的美好，其中尤以以阿衝突影響最劇。在座有位年紀很大、圍著黑色頭巾的女士梅瓦特・埃爾—卡什布（Mervat el-Kashab），是赫爾米一位遠房姪孫的遺孀，她認為赫爾米是一位令人驕傲的穆斯林。電話響起，她的手機鈴聲是一段伊斯蘭經文。「對方是猶太教徒、穆斯林或基督徒，這一點都不重要，」這位女士加重語氣強調，根植於伊斯蘭教當中的人道主義才是赫爾米的行為動機，「大家都是一樣的，是人類。」最後她不忘補充：很可惜，以色列乃中東唯一一個不這麼認為的國家，就是以色列在刻意區分猶太人和穆斯林。

這整個家族都對我這個來自德國的訪客非常友善，甚至可以說是熱情款待，只有一次他們不客氣地打斷了我的話。那就是當我提到：赫爾米的作為是否跟我在檔案信件中讀到的某件事有關，亦即赫爾米不只是個穆斯林，他其實還具有德國血統，因為他母親是德國人。

赫爾米的姪孫艾哈邁德・努爾・埃爾－丹・法格哈爾聞言立刻面露不悅。他憤怒地說，這「謠言」只是為了要給赫爾米硬冠上猶太血統。這是一種非常惡毒的汙衊。他看我這個德國人的眼光突然變得不屑，彷彿他剛才不該太早信任我。適才我們一直用英文交談，且相談甚歡，但現在他突然質問我：你說的到底是什麼話？你是站在哪一邊？你這是美國人的看法嗎？

但其實這項「謠言」是赫爾米自己編出來的。一九三九年秋，他被蓋世太保逮捕後，為了自救而杜撰。「我母親實乃德國人，」當時赫爾米極盡卑躬屈膝地寫信給德國外交部和希特勒。出於危急，他不得不孤注一擲，抓住任何可能的最後一根救命稻草，「我穆罕默德・赫爾米，醫學博士，內科專任醫師，一九〇一年七月二十五日生於埃及的喀土木（Khartum），母親為德國人，」這是赫爾米當初在監獄裡的自述，接著他更進一步說到：「所以我是一個德裔埃及人，英國是我的敵人，我念茲在茲，從未或忘自己對母國德國的愛。」赫爾米希望納粹能因為自己具有德國血統而網開一面。他相信自己的謊言不會被拆穿，因為身為一個外國人，納粹無從追查他的祖譜。戰後，不用再面對納粹的威脅，赫爾米就再也沒有說過自己的母親是德國人了，甚至他還曾經白紙黑字地寫下「我的父母皆是埃及人。」我的母親「是埃及人和穆斯林。」她的名字叫作阿米娜・瑞達・哈桑・埃爾—寇米（Amina Reda Hassan el-Komi）。赫爾米在開羅的家人拿出舊照片給我看，照片上赫爾米的母親身穿埃及傳統服飾。

即便有照片佐證，赫爾米的姪孫艾哈邁德・努爾・埃爾—丹・法格哈爾還是再三澄清。他坐在赫里奧波里斯區的客廳裡再次強調，希望不要再有任何疑義。他說：正因為赫爾米是純正的穆斯林和阿拉伯人，所以他從一開始就很清楚，自己在這場「猶太戰爭」中該如何自處。赫爾米的姪孫稱二次大戰為「猶太戰爭」。

阿拉伯人很清楚這場戰爭會導致什麼樣的後果。那就是猶太人將到巴勒斯坦建國。這麼一來勢必引起爭端。所以，身為穆斯林當時必須採取行動，必須阻止希特勒。這是赫爾米之所以那麼做的主要動機。

在紐約豔陽高照的曼哈頓鬧區裡，陰影錯落在摩天大樓的玻璃外牆間。人行道上，女士們被小狗拖行，踩著略顯踉蹌的步伐往回家的方向走。電梯直上十八樓，進屋的門框上斜斜地掛著一個小小的猶太經文盒。猶太大家庭的成員幾乎全數到齊，他們是古特曼一家人。大家擠在一起，享用美食，滿屋子歡笑，他們把舊相簿拿了出來，當中有張黑白獨照，照片上的女孩一頭深色頭髮，表情安靜而堅毅。

「我們的祖母，」年輕人的語調裡充滿了孺慕之情。祖母名叫安娜。安娜的女兒和她長得非常像。安娜在戰時於希特勒統治的德國首都能安度納粹獨裁時期，並倖存下來，全要感激一名英勇的埃及穆斯林。「沒有他，」安娜的女兒說——她生於一九五六年，名叫卡爾菈・古特曼・葛林斯潘（Carla Gutman Greenspan）——坐在兄弟、孩子和孫兒之中，「就沒有今天在座的這二十五個人。」

赫爾米在得知安娜戰後於美國過得很幸福時，肯定非常高興。「商店裡什麼都有，而且光一條街就有無數的玻璃窗，整個柏林的玻璃窗加起來都沒有這裡的一條街多，」這是安娜在一九四六年抵達紐約後所寫的一封信。

「前往紐約的旅途是如此的令人難忘，真的好美。還有一個小時才能抵達紐約，但已經能看見佇立在海中的自由女神像了。看見她什麼都值得了，所有從她身邊經過的人，都忍不住流淚！一股感覺油然而生，我們真的航向了自由的國度！」

安娜在信中如此描述她戰後的新故鄉：「我在布魯門施泰因那家人（Blumensteins）的一個表親家裡工作，我的雇主名叫思維雅・貝爾曼（Silvia Berman）。她媽媽跟布魯門施泰因家的媽媽是姊妹。也就是娘家這邊的親戚……這個表親是個很棒的人，她上過大學，先生是個醫生，內科醫生。她有兩個小孩，一個兩歲，一個十一歲，都是很乖的小孩。我覺得很快樂，覺得心滿意足。」安娜並非他們家唯一一個在美國找到新生活的人。她的母親和繼父，亦即尤莉亞和喬治・韋爾，後來也都去到了美國，不過，一如安娜在寫回德國的信中所述：「我是唯一一個很快就適應了這裡的生活的人。」

戰爭一結束，安娜就在柏林認識了波蘭裔的猶太人哈伊姆・古特曼（Chaim Gutman），他們很快就相戀了。安娜當時二十二歲。「我沒有爸媽的消息。就像我跟你說的，他們星期天就前往底特律了，我還沒收到他們的來信，」一九四七年安娜在信中向她親愛的哈伊姆・古特曼（戰後有段時間他一直留在柏林）抱怨，「這裡的生活真的必須兩個人一起，」安娜在信中不斷地呼喚他，希望他能早日到美國相聚。「我希望生活在這裡能有家的感覺，這裡的人真的都對我很好，我真的沒有甚麼可以抱怨的。」她的雇主，醫生夫婦和兩個孩子，都非常慷慨、友善，而且正直。「這家人跟赫爾米醫生非常像。」

天很快黑了，曼哈頓上空星光閃耀。但室內客廳裡燈火通明，沙發上擺著刺繡抱枕，牆上掛著金色畫框。我頓時憶起開羅的另一個客廳。這兩家人其實有個共通點：赫爾米的開羅家人沒有任何猶太朋友，安娜的紐約家人也不認識任何穆斯林。安娜的兒子查爾斯・古特曼（Charles Gutman）很喜歡在臉書上分享影片，其中有支影片的標題是「你還沒有得到伊斯蘭恐懼症？那最好趕緊得！」影片內容是伊斯蘭教徒在誇耀自己的暴力和好戰性格。

安娜的女兒提及一九六〇年代她和查爾斯在紐約的成長環境，「我們的鄰居有很多是義大利的天主教徒，當然也有很多猶太教徒。我們有個嬸嬸還是白人和黑人的混血兒。對我們而言，天主教徒、猶太教徒、穆斯林、黑人跟白人，統統沒有差別。我們認為大家都一樣，都是人類。」很遺憾阿拉伯國家的人現在不這麼想，他們不接受猶太人，不願意跟猶太人生活在一起。

安娜的女兒寫了一封信。她問我可不可以把這封信帶去開羅，轉交給赫爾米的後人？她在信中寫道：「我只是很希望告訴您，在世界的另一端有個家庭非常感激和敬愛赫爾米醫生。直到今天，我們都還對於他的義舉深感讚嘆，我們由衷地希望他的英雄事蹟能夠啟發其他人。」

遙遠的記憶：「亞利安化」之前，安娜家位於亞歷山大廣場旁的水果大盤商行。

人物簡介

安娜・博洛斯（Anna Boros），（一九二五年十一月廿二日出生於阿瑞得〈Arad〉，西羅馬尼亞，與匈牙利的邊界旁）。兩歲的時候，跟著媽媽茱莉（Julie）來到柏林。一九三一年入學，一九三八年強制轉學到一個猶太學校。一九四二年她到赫爾米醫生（Dr. Helmy）處尋求庇護。一九四五年之後她在柏林嫁給波蘭正統猶太人查姆・古特曼（Chaim Gutman），當時古特曼正在一個政治難民營地（Displaced Persons Camp）學習無線電技術，然後他們一起移民到美國。查姆先是改名漢斯（Hans），最後定名為亨利（Henry）；安娜在一個美國醫生處當保母，之後她有了三個子女。到她一九八六年過世之前，安娜一直居住在紐約，她送子女去上猶太學校。安娜在世時，曾兩度回到柏林拜訪救命恩人赫爾米醫生，其中一次還從紐約帶著女兒卡爾菈（Carla）一起，驕傲地介

紹女兒與醫生認識。

赫爾穆特・丹寧醫師（Dr. Helmut Dennig）（一八九五年七月十三日出生），納粹黨成員，一九三四年成為莫阿比特醫院（Krankenhaus Moabit）第一內科的主任醫師，也就此成為赫爾米醫師的上司。他詆毀赫爾米是「東方佬」（Orientalen），並在一九三七年把赫爾米趕出醫院後，自身從一九三九年一直到戰爭結束，都是軍隊裡的內科醫師顧問。戰爭結束後，他成為斯圖加特（Stuttgart）卡爾・奧爾加醫院（Karl-Olga-Krankenhaus）內科部門的主任。紐倫堡醫生審判（Nürnberger Ärzteprozess）時，他作證支持一個舊時莫阿比特醫院的助理赫爾曼・貝克爾・弗里森（Hermann Becker-Freyseng）。這個人因為在達豪集中營（Konzentrationslager Dachau）施行人體試驗而被控告。一九四七年他成為德國紅十字會國家醫師，一九五六年則成為德國醫學藥物審議委員會（Arzneimittelkommission der deutschen Ärzteschaft）會員。

艾咪・安娜・奧古斯特・恩斯特（Emmy Anna Auguste Ernst）（一九一六年三月十九日出生於柏林）在柏林認識赫爾米醫生的時候，工作是診所櫃台小姐。一九三九年時他們已經訂婚。艾咪不僅在赫爾米醫生診所坐櫃台，也幫助他的祕密拯救行動。但是因為「種族」原因，當局不許可他們正式合法結婚。直到戰爭結束後，一九四五年六月，他們才被允許結婚。那之後他們旅行至埃及，拜訪赫爾米家族多次，甚至赫爾米在一九八二年過世之後，艾咪仍然與他們往來密切，直到她一九九八年過世為止。雖然艾咪的阿拉伯語說得不好，但有時候她會跟赫爾米埃及的姪子們開玩笑說：一九四五年因為結婚才拿到埃及護照的她，比姪子們更早就已經是埃及人。

卡瑪爾・艾爾丁・加拉爾博士（Dr. Kamal El-Din Galal）（一九〇三年出生）一九二二年與赫爾米一起來到柏林，在夏洛騰堡的科技大學研讀新聞學，一九三三年以論文《日報在埃及的崛起與發展》拿到博士學位，並且成為埃及報社阿爾・巴拉（Al-Balagh）和阿爾・阿哈蘭（Al-Ahram）的通訊記者。在這期間他身為熱忱的國家主義者與反殖民主義者，投身奉獻「埃及學生會」（Ägyptischen Studentenverein），並且從一九四二年開

始是「伊斯蘭中央研究所」（Islamischen Zentralinstitut）的祕書長。他不但和納粹政權維持良好關係，他和耶路撒冷大穆夫提（Großmufti von Jerusalem）的關係，更是讓加拉爾在赫爾米救援行動中的角色舉足輕重。戰爭過去很久之後，他仍然在西柏林生活，並且任職埃及大使館新聞專員。

阿布德爾・阿奇茲・赫爾米・哈瑪德（Abdel Aziz Helmy Hammad）（一九〇六年五月六日出生於埃及法古斯〈in Fakous, Ägypten〉）一九二四年來到柏林留學，卻涉入藝術領域的研究比大學學業更深。在埃及政治界他的家庭非常受到關注，父親是法古斯市長。哈瑪德的父親給他娶了一個太太法蒂瑪（Fatma），讓他帶著她到德國，但是他們的關係破裂，太太帶著他們幼小的兒子回埃及。哈瑪德只剩下爵士樂，他真正的熱情所繫。他把庫達姆大道（Kurfürstendamm）附近的卡爾頓酒吧（Carlton Bar）經營得很成功。赫爾米和他的相識，根據猜想，應該是在一個阿拉伯學生俱樂部（Studentenclub），不然的話，最晚也是在祕密警察一九三九年將他們關在一起幾個月的時候。幫助赫爾米祕密救援行動的伊斯蘭教友人網絡中，哈瑪德扮演非常重要的角色。戰爭結束之後，他的下落如何，沒有人知曉。

穆罕默德・「莫哈德」・赫爾米醫師（Dr. Mohammed »Mohd« Helmy）（一九〇一年七月廿五日生於當時是英屬埃及的喀土穆〈Khartum〉。出生時名字是穆罕默德・赫爾米・阿布・艾因・賽義德・艾哈邁德〈Mohammed Helmy Abu el-Ainin Said Ahmed〉）是埃及陸軍少校阿布・艾因・賽義德・艾哈邁德（Abu el-Ainin Said Ahmed）和太太阿米娜・蕾達・哈桑・科米（Amina Reda Hassan el-Komi）五個孩子中的第四個。納粹時代，赫爾米短暫宣稱自己的母親是德國人，但是根據家族史以及赫爾米自己與開羅官方機構的阿拉伯文書信往來證明，這只不過是煙幕彈，用來哄騙糾纏他的納粹。一九五九年他很清楚地聲明，他的母親是「埃及人暨伊斯蘭教徒」。一九二二年他開始柏林弗利德里希威廉大學的醫學學程，一九三〇年成為莫阿比特醫院的助理醫生（Assistenzarzt），一九三〇年成為主治醫生（Oberarzt）。赫爾米曾採納他德國女友的建議，使用莫哈德（Mohd）作為別名，戰後他繼續將這個別名簡化為莫德（Mod），理由是較為方便，因為很多德國人那時對穆罕默德（Mohammed）這樣的名字無所適從。一

九三七年納粹排擠將他趕出醫院。他先是在自己家克雷非爾特街七號（Krefelder Straße 7）行醫，之後受聘於一家位於夏洛騰堡的診所。在這個診所中，他將計畫拯救猶太少女安娜的計畫付諸實行。一九四五年解放之後，他迎娶多年的女友艾咪（Emmy），並且在柏林執業行醫幾十年。他和安娜通信至壽終，一九八二在柏林逝世。

大穆夫提穆罕默德・阿明・侯賽尼

（Mohammed Amin al-Husseini）（一八九七年出生於耶路薩冷）是希特勒在伊斯蘭世界裡最重要的統戰宣傳大將。穆夫提（Mufti）的意思是「審查者」（Gutachtender），指的是伊斯蘭教的法典學者，擁有解釋伊斯蘭教義的權利，是一個榮譽頭銜。由國家正式任命的穆夫提則稱之為大穆夫提。直到今天沙烏地阿拉伯和埃及仍保有這個職位和頭職。阿明・侯賽尼在巴勒斯坦由英國托管時期被正式任命為大穆夫提。這在當時可謂權傾一時，因為除了他之外，並沒有另一個正式的穆斯林政府與之分庭抗禮。他個人可說是全然代表了整個伊斯蘭教世界

的子民。他在第二次大戰期間支持納粹政權。一九四一年他反抗英國並流亡至柏林。其由納粹當局出資成立的指揮部，計有約六十位阿拉伯宣傳人員和納粹黨員招募者，納粹當局稱此部門為「穆夫提－部」〈Amt Mufti〉，編制在親衛隊國家安全部（Reichssicherheitshauptamt）之下。以色列總理班傑明・納坦雅胡（Premierminister Benjamin Netanjahu）一度宣稱，是穆夫提說服希特勒進行猶太人大屠殺（Holocaust）的，但這應該是誤傳。因為納粹的屠殺計畫早在穆夫提抵達柏林之前就已經展開了。直到侯賽尼一九七四年在貝魯特去世前，他都是阿拉法特（Jassir Arafat）領導下之巴勒斯坦激進派政權的標竿人物之一。

里亞德・艾哈邁德・穆罕默德（Riad Ahmed Mohammed）（一八九九年五月十五日生於開羅）在政治上代表的是溫和路線，不主張發動解放戰爭，而是積極爭取國際支持，相較之下可說是走親英路線。他曾於不同時期出掌過各伊斯蘭團體或協會，諸如伊斯蘭教團（die Islamische Gemeinde）、德國穆斯林協會（die Deutsch-Moslemische Gesellschaft）等。一九三九年他在改信伊斯蘭教之德國教友的幫助下重建了柏林的伊斯蘭研究院（das Islam-Institut），一時菁英齊聚，人文薈萃。大戰爆發後，納粹在一九三九年秋天將他和其他埃及人一同逮捕和監禁。此時反英派的阿拉伯民族主義者卡瑪爾・艾爾—汀・加拉爾（Kamal el-Din Galal）接替了他的位置出掌伊斯蘭研究院。戰後沒有人知道他的下落。

胡戈・「哈米德」・馬庫斯（Dr. Hugo »Hamid« Marcus）（一八八〇年七月六日出生於波森（Posen），位於現今波蘭境內），一個猶太工業家的兒子，乃威瑪共和時期柏林知名的知識分子。一九二〇年初他改變信仰成為伊斯蘭教徒，取名哈米德。一九二三年至一九三八年期間他是柏林清真寺的法律顧問。此外他還主編《穆斯林周刊》（*Moslemische Revue*），並且將《可蘭經》翻譯成德文。一九三〇至一九三五年時甚至是德國穆斯林協會（die Deutsch-Moslemische Gesellschaft）的主席，但與此同時他還一直保持著猶太教徒的身份。胡戈・馬庫斯於世紀之交已是柏林文壇上的一位重量級人物，他不僅是祕教和平主義方面的暢銷書作者，也是哲學博士。一九三八年他經由穆斯

林教友的幫助，逃過納粹追捕流亡瑞士，並得以倖存。大戰之後他仍然繼續使用筆名漢斯・阿里努斯（Hans Alienus），為國際知名的同性戀雜誌《圈子》（*Der Kreis*）執筆了很長的一段時間。

安娜的祖母塞西莉亞・魯德尼克（Cecilie Rudnik），娘家姓克萊恩（Klein）（一八七五年十月廿七日出生於匈牙利的霍德梅澤瓦（Hódmeszövásárhely），十七歲時來到柏林，當時她的哥哥在柏林經營已頗具規模的蔬果生意。塞西莉亞的學習能力極強，很快就成為了成功的女生意人，經營匈牙利與柏林之間的業務。她和第一任丈夫莫里茨・施瓦茲（Moritz Schwarz）生下女兒尤莉亞（Julie），一九一二年丈夫突然離世，但此時她在事業上已經完全獨立，也無須仰賴哥哥。一九一四年她與商人莫伊斯・魯德尼克（Moise Rudnik），生下兒子馬丁（Martin）。一九四五年解禁之後，塞西莉亞未曾再與女兒尤莉亞或孫女安娜同住，畢竟在藏匿的那幾年，她們之間也齟齬不

斷。塞西莉亞後來跟著兒子移民以色列，但幾年之後因嚴重的經濟困境，又失意潦倒地回到柏林。一九五三年在柏林過世。

安娜的舅舅馬丁・魯德尼克（Martin Rudnik）（一九一八年三月七日出生於柏林），是塞西莉第二次婚姻裡所生的兒子，尤莉亞同母異父的弟弟。在納粹下令禁止之前，他曾任牙醫學徒。從一九四〇年起，他在柏林魏森湖（Weißensee）的一個錫器回收工廠服強制勞役。一九四二年他在猶太人驅逐行動開始前先行逃離，並且藏匿在柏林各女性友人的家中，其中一位是來自威爾默斯多夫（Wilmersdorf）的女裁縫希爾德嘉德・烏伯瑞西（Hildegard Ullbrich）；兩人結識於一九四一年，乃透過兩人共同之猶太友人烏蘇拉・雷德利希（Ursula Redlich）而認識。除此之外，協助他的還有薇拉・科勒（Vera Koehler），之後他還曾與薇拉訂婚。但戰後他娶的是來自維也納的一名俱樂部舞者盧安娜（Luana），盧安娜的父親是非洲馬戲團的一名特技表演者。婚後他們一同前往

以色列，盧安娜在海法（Haifa）表演舞蹈，馬丁卻找不到工作，所以幾乎養不起和他一同搬去以色列的七十歲母親塞西莉亞。失望之餘，塞西莉決定重返柏林。一九五三年塞西莉過世後，馬丁和盧安娜前往紐約並開啟了新生活。

安娜的繼祖父莫伊斯・「馬克斯」・魯德尼克（Moise »max« Rudnik）（一八七七年十月廿二日出生於羅馬尼亞的雅西（Iasi）」，一九二九在柏林創立了水果商行「魯德尼克股份有限公司」（M. Rudnik GmbH），公司位於新腓特烈街七十七號。一九三〇年他罹患胃癌，從此必須仰賴他人照顧。安娜的母親除了照顧他之外，還協助安娜的祖母塞西莉亞經營水果商行的生意。一九三九年他在猶太醫院過世，安葬在柏林魏森湖畔。

弗莉妲・茨都曼（Frieda Szturmann）（一八九七年六月十二日出生）生活在斯塔肯區（Staaken）的斯潘道鎮（Spandau）附近。身為母親的她同時也是一名家庭幫傭。她長年由赫爾米醫生為她看

診，並贏得了赫爾米醫生的信任。一九四二年三月當赫爾米為援救猶太人而需要一個安全的藏匿地點時，便想到了她。弗莉妲・茨都曼長時間冒著生命危險，先是幫助藏匿了塞西莉亞・魯德尼克，之後又短暫地收留過安娜。一如赫爾米醫生，她在二〇一三年同樣獲得以色列猶太屠殺紀念館（Holocaust-Gedenkstätte Yad Vashem）授予「國際義人」獎（Gerechte unter den Völkern）之殊榮。她的孫子迪特爾（Dieter）在柏林從以色列大使手中接獲獎項。戰後她依舊是赫爾米醫師的病人，至一九六六過世之前，她都和退休的丈夫，及兒子生活在斯塔肯。

安娜的母親尤莉安娜・「尤莉亞」・韋爾

（Julianna »Julie« Wehr），娘家姓施瓦茲（Schwarz）〔一九〇二年九月十四日生於匈牙利的歐羅什哈佐（Oroshaza）〕，一九二七年和第一任丈夫離婚，是來自阿瑞得（Arad）經營工廠的一位猶太人拉迪斯勞斯・博洛斯（Ladislaus Boros）。離婚後尤莉亞帶著年幼的女兒安娜來到柏林，成為母親的水果

商行之得力助手。一九二九年她嫁給柏林人喬治・韋爾（Georg Wehr）。韋爾後來雖改信猶太教，但在納粹法規的認定中他並不算是猶太人。一九四二年尤莉亞雖被迫服勞役，但由於丈夫不是猶太人，所以逃過一劫，不必面臨更可怕的處境。一九四六年她離開了德國，追隨女兒的腳步移民美國。她在底特律（Detroit）的工作為廚師，週薪五十美元。但她很快地放棄了這份工作，因對她來說太過辛苦而難以負荷。她的美國夢是和女兒一起開一家匈牙利餐廳，最終並沒有實現。

安娜的繼父喬治・韋爾（Georg Wehr）（一九〇四年八月廿二日出生於西普魯士（Westpreußen）的托倫市（Thorn）），原本是柏林一家餐廳的店員。一九二九年娶了水果大盤商的女兒尤莉亞後改信猶太教。根據納粹一九四三年十月頒布的法令，即便具有「德國血統」，猶太人的配偶還是「猶太姻親」，所以必須進納粹的軍事工程機構托德組織〈Organisation Todt〉強制服勞役，此規定亦適用於韋爾。一九四四年十一月九

號他被送進耶拿（Jena）的第三強迫勞動營，日後他曾回憶道：「每個人都非常恐懼，害怕自己最後會被槍斃。」在五個月當中他瘦了六十磅。被釋放之後他徒步走回了柏林。一九四六年離開德國，前往美國與尤莉亞團聚。

年表

納粹的伊斯蘭政策

德意志帝國並非從一九三三年才開始爭取穆斯林的支持。在穆斯林世界幾乎完全活在英國、法國或者蘇聯統治下的那個時期，就已經有在德國敵對國的領土上「鼓動穆斯林人民革命」的政策。早在一九一五年，為了贏得阿拉伯在戰爭上支持德國的統戰宣傳單上，就已經寫著「威廉二世皇帝改信伊斯蘭教」。後續還有：「他現在改名叫做哈吉・威廉・穆罕默德（Hadschi Wilhelm Mohammed），而且早就去麥加（Mekka）朝聖過了。越來越多的德國人追隨他，成為伊斯蘭教徒。」在這個研究領域中寫出最好一本書的史學家大衛・莫塔德爾（David Motadel）指出，納粹將這項宣傳工作推到極致。在巴爾幹半島、中亞以及北非，基本上在所有與戰爭有關地區的歐洲邊緣，住的都是回教徒。納粹希望能與他們結盟，對抗共同的敵人，尤其是英國人與猶太人。

一九三六年七月一日：納粹各重要部門的首長及種族政策部的官員（rassenpolitisches Amt）齊聚外交部，會後決議：根據紐倫堡種族法案（Nürnberger Rassengesetze）的規定，土耳其、波斯，和阿拉伯的穆斯林並不算是「異類」（artfremd）。但在中古世紀的西班牙，按當時的「純正血統」（Reinheit des Blutes）的相關法規，穆斯林一如猶太人都在血統純正的排除之列。

一九三九年：納粹宣傳部長約瑟夫・戈培爾（Joseph Goebbels）為德國媒體訂出詳細的規範，禁止他們對穆斯林作出具歧視或詆毀性質的報導。

一九三九年十一月：一九二五年設立於柏林威爾默斯多夫區（Wilmersdorf）的清真寺，乃德國境內唯一的一座清真寺，但當時清真寺業已失去其宗教上的主導地位。戰爭開始後，親真寺的教長伊瑪目（Imam）穆罕默德・阿布杜拉〈Muhammad Abdullah〉——他是畢業於弗里德里希—威廉大學（Friedrich-Wilhelm-Universität）的化學博士——，便離開了德國，返回家鄉印度。

一九四一年二月十一日：德軍從利比亞（Libyen）的迪黎波里（Tripolis）海灘上岸，開始朝開羅（Kairo）的方向進攻。希特勒此舉意在幫助意大利。自一九四〇年年底開始，墨索里尼（Mussolini）的軍隊在北非對抗英軍的戰事便陷入了膠著。

一九四一年四月：德軍在巴爾幹地區作戰期間亦致力於招募阿爾巴尼亞穆斯林志願軍。之後有不少蘇聯戰俘在接受納粹的籠絡後，也改信伊斯蘭教並加入穆斯林志願軍。

一九四一年五月：伊朗民族主義領袖拉希德・阿里・蓋拉尼（Rashid Ali al-Gailani）發動政變；在這場對抗前殖民宗主國英國的戰事中，德國出動戰鬥機支援蓋拉尼。然而德國的這支「容克特遣隊」很快便失敗了。在蓋蘭尼流亡至柏林前，他還發動了一場「法胡德行動」（Farhud），大肆屠殺巴格達境內的猶太人。

一九四一年十一月六日：反英的耶路撒冷大穆夫提阿明・侯賽尼（Amin al-Husseini）逃亡至柏林。成為親衛隊貴賓的他，開始為納粹從事政治宣傳，並規律地在柏林廣播電台的境外廣播節目上進行演說。這些節目通常以阿拉伯語、波斯語和土耳其語進行放送。

一九四一年十一月十八日：時任馬德里大使的前德國駐開羅大使埃伯哈德・馮・斯托勒（Eberhard von Stohrer）在一份備忘錄中建議規劃「具通盤考量的德國之伊斯蘭計劃」，並倡議成立一個「隸屬於外交部的伊斯蘭專家委員會」（Komitee von Islam-Kennern unter Leitung des Auswärtigen Amtes）。

一九四二年一月十三日：德軍成立「土耳其斯坦軍團」（Turkestanische Legion）和「高加索—穆罕默德軍團」（Kaukasisch-Mohammedanische Legion），軍團成員幾乎都是穆斯林。不久之後，德軍又將亞塞拜然人（Aserbaidschaner）、克里米亞和伏爾加韃靼人（Krim- und Wolgatataren）、北高加索人（Nordkaukasier）、巴什基爾人（Baschkiren）、烏茲別克人（Usbeken），和此地區的其他志願軍納入編制，亦即成立了另一支「東部軍團」（Ostlegionen）。

一九四二年七月二十日：希特勒麾下非洲將軍埃爾溫・隆美爾（Erwin Rommels）

的司令部向一支由親衛隊中級指揮官瓦爾特・勞夫（Walter Rauff）所率領的突擊部隊下達命令，允許他們在占領巴勒斯坦後，對當地猶太人進行全面屠殺。

一九四二年八月二十三日：持續數月的史達林格勒戰役（Schlacht um Stalingrad）開始。這場戰役讓德軍蒙受極大的人員損失，此乃關鍵之役，並導致德軍就此一步步邁向最終之戰敗。

一九四二年九月：德軍越過邊界進入埃及。同時間，柏林廣播電台的阿拉伯語頻道亦對北非民眾大聲疾呼：「在猶太人殺死你之前，先殺死他。」或者「讓我們再次感謝真主，讓此等毒蟲得以被清除，讓埃及得以免受其害。」

一九四二年十月十一日：開齋之際，大穆夫提在威爾默斯多夫區（Wilmersdorf）的清真寺內，對五百名賓客發表抗戰演說。

一九四二年十一月：德軍在距離開羅約一百五十公里的阿萊曼（al-Alamein）駐紮

了數月之後，終究被英軍擊退。

一九四二年十二月十八日：柏林的伊斯蘭中央研究院在大穆夫提的開幕演說中正式啟用。

一九四三年二月十日：親衛隊首領希姆萊（Himmler）批准招募巴爾幹地區之穆斯林成立一支武裝親衛隊軍團。名為「親衛隊第十三武裝山地師」〈13. Waffen-Gebirgs-Division-SS Handschar〉的波士尼亞軍團於是成立，根據其阿拉伯標誌，亦俗稱彎刀師。

一九四三年四月一—十一日：大穆夫提藉巴爾幹之旅，企圖動員穆斯林投效武裝親衛隊（亦稱黨衛軍）。

一九四三年五月十三日：德軍最後的剩餘部隊在北非突尼斯向英國投降。

一九四四年三月一日：大穆夫提在廣播演說中疾呼：「出於對神的愛、對歷史的愛、對宗教的愛，你們只要看見猶太人，就應格殺無論。」土庫曼武裝親衛隊的士兵（Turkmenische Waffen-SS-Soldaten ）開始到威爾默斯多夫區的清真寺參拜。

一九四四年四月二十一日：國防軍在古本市（Guben）設立自己的伊瑪目〈伊斯蘭教長〉學校以培植伊斯蘭戰地教士，並藉由他們對穆斯林新兵傳播和宣揚有利於納粹的思想。

一九四四年六月：於哥廷根大學（Universität Göttingen）開設「伊斯蘭教士毛拉之訓練課程」（Mullah-Lehrgängen），以培植伊斯蘭戰地教士具有特定的世界觀。

一九四四年十一月十六日：奉親衛隊首領希姆萊（SS-Chef Himmler）之令在德勒斯登（Dresden）設立一所親衛隊的伊斯蘭教士學校。

一九四五年四月：德軍在戰爭的最後階段使用柏林威爾默斯多夫區清真寺的宣禮塔（叫拜樓）作為炮兵部隊的砲台。

但如此一來，這座清真寺便成了轟炸的目標。後來在清真寺的庭園發現了十二具士兵的屍體，他們被就地掩埋。

註釋

中東與柏林之間

1 「有些女人喜歡懷裡抱著一隻迷你鬥牛犬……」引述自：侏儒妖（本名阿道夫・史坦恩，Rumpelstilzchen (d. i. Adolf Stein),»與阿布杜拉教授在費爾貝林廣場的對談Ein Gespräch mit Professor Abdullah am Fehrbelliner Platz«, Glosse Nr. 14 vom 13. Dezember 1928, in: Rumpelstilzchen, Ja, hätt'ste …, Berlin 1929.

2 「平靜透徹得猶如彌賽亞之眼。」引述自：同上。

3 「她總顯得精力充沛，非常健康。」參閱古特曼家族資料館檔案（紐約），以及二〇一六年九月與卡爾菈・古特曼・葛林斯潘和查爾斯・古特曼的訪談。

4 「舉止合宜」參閱：同上。

5 「這裡絕對是如假包換的中東……」參閱阿爾弗雷德・克爾，Vgl. Alfred Kerr，信件（3. Mai 1896, abgedruckt in: *Wo liegt Berlin? Briefe aus der Reichshauptstadt*, Berlin 1999, S. 151 f.,）及引述 Aischa Ahmed,〈視覺陷阱 (Die Sichtbarkeit ist eine Falle). 阿拉伯現況、民間表演和德國境內的他族社會現象 (Arabische Präsenzen, Völkerschauen und die Frage der gesellschaftlich Anderen in Deutschland) (1896/1927)〉, in: José

Brunner/Shai Lavi (Hrsg.),《德國境內之猶太人和穆斯林。法律、宗教，和自我認同》*Juden und Muslime in Deutschland. Recht, Religion, Identität.* Tel Aviver Jahrbuch für deutsche Geschichte, Göttingen 2009, S. 81–102, hier S. 94 f.

6 「身穿金色絲綢的男人」及後面的內容，引述自：侏儒妖（本名阿道夫・史坦恩，Rumpelstilzchen (d. i. Adolf Stein), »Tripolitaner im Zoo«, Glosse Nr. 40 vom 9. Juni 1927, in: Rumpelstilzchen, Berliner Funken, Berlin 1927.12

7 「拜託，可不可以不要再推擠了！」參閱 Pracht-Album Photographischer Aufnahmen der Berliner Gewerbe-Ausstellung 1896 以及der Sehenswürdigkeiten Berlins und des Treptower Parks, Alt-Berlin, Kolonial-Ausstellung, Kairo etc., Text von Paul Lindenberg unter Mitwirkung von Hans Lichtenfelt, Berlin 1896, S. 48, zit. n. Ahmed, »›Die Sichtbarkeit ist eine Falle‹«, a. a. O., S. 91.

8 「這些中東布景不僅令人憶及《聖經》場景，」引述自：N. N., In der Berliner Gewerbe- Ausstellung, in: Allgemeine Zeitung des Judenthums, 5. Juni 1896.

到府拜訪

1 「一九三六年的某個午後」，參閱古特曼家族資料館檔案，有關安娜矇騙納粹當局的資料Bericht von Anna für die Entnazifizierungsbehörden, 10. Juli 1945，根據資料，已經就學的安娜在赫爾米醫生來訪時已經在家，但繼父喬治・韋爾當時仍在上班，並未在家。

2 「桃子一斤四馬克。旁邊還有新鮮的番茄。番茄一斤二十芬尼」，參閱：莫伊斯．魯德尼克國賠檔案Entschädigungsakte Moise Rudnik, Landesamt für Bürger- und Ordnungsangelegenheiten Berlin, Entschädigungsbehörde (LABOBerlin), Reg. Nr. 314 236, Bl. E 9 und E 12.

3 「匈牙利女廚子」，同上Bl. E 34.

4 「安娜簡直不敢相信自己的耳朵，母親竟對這名陌生的埃及人百般逢迎。」引述自：二〇一六年九月與查爾斯．古特曼的訪談。

5 「為了跟醫生建立私人情誼。」參閱：古特曼家族資料館檔案，Bericht von Anna, 10. Juli 1945, Familienarchiv Gutman.

6 「不是個會向人訴苦的人。」參閱：古特曼家族資料館檔案，安娜寫給亨利．古特曼的信Brief von Anna an Henry Gutman, 16. Juni 1948, Familien archiv Gutman.

7 「渾身解數」，參閱：古特曼家族資料館檔案，Bericht von Anna, 10. Juli 1945, Familienarchiv Gutman.

8 「潘妮卡」，參閱：古特曼家族資料館檔案。這些小名和暱稱經常出現，比方說出現在安娜的祖母一九四八年十月二十五日寫給安娜的信件中im Brief Cecilie Rudniks an Anna vom 25. Oktober 1948, Familienarchiv Gutman.

9 「我很清楚我們當時的狀況」，參閱：古特曼家族資料館檔案，Bericht von Anna, 10. Juli 1945, Familienarchiv Gutman.

10 「鏡廳」參閱：塞西莉亞．魯德尼克國賠檔案Entschädigungsakte Cecilie Rudnik, LABOBerlin, Reg. Nr. 25 535, Bl. D 16.

11 「祖母塞西莉亞第二任丈夫莫伊斯．『馬克斯』．魯德尼克」，參閱：馬丁．魯德尼克國賠檔案

Entschädigungsakte Martin Rudnik, LABOBerlin, Reg. Nr. 23 973, Bl. E 3.

12 「從荷蘭進口一噸釀酒用的葡萄」，參閱：莫伊斯・魯德尼克國賠檔案。Entschädigungsakte Moise Rudnik, LABOBerlin, Reg. Nr. 314 236, Bl. E 8.

13 「義大利進口的茄子……」參閱：馬丁・魯德尼克國賠檔案Entschädigungsakte Martin Rudnik, LABOBerlin, Reg. Nr. 23 973, Bl. B 53–54.

14 「警察罰了她二十五馬克。」參閱：尤莉亞・韋爾國賠檔案Entschädigungsakte Julie Wehr, LABOBerlin, Reg. Nr. 72 475, Bl. C 3.

15 「依舊看得到來自黑海地區的核桃。」參閱：馬丁・魯德尼克國賠檔案Entschädigungsakte Martin Rudnik, LABOBerlin, Reg. Nr. 23 973, Bl. B 53–54.

16 「夜裡的威利」及以下內容，參閱：古特曼家族資料館檔案，尤莉亞・韋爾的樂譜。Julie Wehrs Klaviernoten-Hefte, Familienarchiv Gutman.

17 「柏林當局取消了絕大多數猶太人的醫生資格。」根據一九三五年十二月十三日頒布的帝國醫師法Nach der Reichsärzteordnung vom 13. Dezember 1935 (RGBl I, S. 1433)，非亞利安裔的醫生只有在例外或事先取得帝國內政部特許的情況下才能看病行醫。

18 「狗娘養的」，引述自：一九四八年十月二十五日塞西莉亞・魯德尼克寫給安娜的信，古特曼家族資料館檔案Familienarchiv Gutman.

19 「她從柏林雇用了私家偵探調查女婿。」引述：二〇一六年九月與卡爾菈・古特曼・葛林斯潘的訪談。

20 「彈奏匈牙利名曲《諂媚的貓》」，參閱：古特曼家族資料館檔案、尤莉亞・韋爾的樂譜，以及引述二〇一六年九月與卡爾菈·古特曼·葛林斯潘的訪談。

茶香滿溢

1 「幾個凶神惡煞已經淋成落湯雞。」引述自：二〇一六年九月與卡爾菈·古特曼·葛林斯潘的訪談。

2 「拜託，先讓我把病人交給其他主治醫師吧！」引述自：Christian Pross/Rolf Winau (Hrsg.), *Nicht mißhandeln. Das Krankenhaus Moabit. 1920–1933. Ein Zentrum jüdischer Ärzte in Berlin. 1933–1945 Verfolgung, Widerstand, Zerstörung*, Berlin 1984, S. 180–184.

3 「軍事法規所執行的所有暴行。」同上，一八〇頁。

4 「地窖內便上演了駭人聽聞的凌虐戲碼」，同上，一八四頁。

5 「注定要被命運『席捲』」同上，一一一頁，卡爾·斯特恩醫生（Dr. Karl Stern）所述。

6 「一九二二年十月，赫爾米來到柏林就讀大學」，參閱：洪堡大學所藏檔案Archiv der HumboldtUniversität zu Berlin, Med. Fak. I (1810–1945), 1049, Bl. 41.根據一九三七年四月九日警察局核發的良民證所載，赫爾米於一九二二年十月五日入境柏林。

7 「簡直像推著一推車的千層麵皮。」引述自：Yvan Goll, Sodom Berlin, Frankfurt 1988 (deutsche Übersetzung der Originalausgabe, ursprünglich erschienen 1929 in Paris), S. 77–79.

8 「在柏林，一個月的生活費十埃及鎊已綽綽有餘。」引述自：Salim Abd al-Magid am 4. Februar 1920 in der Kairoer Zeitung *al-Afkar*, zit. n. Gerhard Höpp, »Zwischen Universität und Straße. Ägyptische Studenten in

Deutschland 1849–1945«, in: Konrad Schliephake/Ghazi Shanneik (Hrsg.), *Die Beziehungen zwischen der Bundesrepublik Deutschland und der Arabischen Republik Ägypten*, Würzburg 2002, S. 31–41, hier S. 32.

9 「好孩子，嚐嚐看！」引述自納賽爾．寇特比教授二〇一六年五月的訪談，並參考赫爾米醫生留下來的葡萄酒瓶和啤酒瓶的舊照片。

10 「不是打網球就是登山，甚至揚帆出海」參閱：Gerdien Jonker, »Das vergessene Experiment. Deutsch-muslimische Wahlverwandtschaften in der Zwischenkriegszeit«, in: Claudia Schmidt-Hahn (Hrsg.), *Islam verstehen - Herausforderung für Europa*, Innsbruck 2015, S. 35–41, hier S. 36.

11 「最先租給他們房子的正是選帝侯大道上的猶太家族奧汀格」，同上，三十六頁及其後。

12 「猶太教經師亞伯拉罕．蓋格爾……致力於研究《可蘭經》」，參閱：Susanna Heschel, »German Jewish Scholarship on Islam as a Tool for De-Orientalizing Judaism«, in: *New German Critique* 117 (2012), S. 91–107.

13 「選帝侯大道區猶太人的藏匿處和寄居所」參閱：Brief der NSDAP-Reichsleitung, Amt Rosenberg, an den Polizeipräsidenten Berlin, 13. April 1937, vgl. Marc David Baer, »Muslim Encounters with Nazism and the Holocaust: The Ahmadi of Berlin and Jewish Convert to Islam Hugo Marcus«, in: *The American Historical Review* 120 (2015), Heft 1, S. 140–171, hier S. 160.

14 「當他們聚在一起時……」參閱資料同上。

15 「匈牙利裔猶太人戈特利布．威廉．萊特納……」參閱資料同上，第一五〇頁。

16 「一個用大理石打造出來的夢境」，引述自：Chalid-Albert Seiler-Chan, »Der Islam in Berlin und anderwärts im deutschen Reiche«, in: *Moslemische Revue*, Oktober 1934, S. 112–119, hier S. 115. Porträtfoto in derselben Ausgabe.

17 「哈立德—阿爾伯特・塞勒—罕……只能借用特雷普托天文台（Sternwarte Treptow）」資料出處同上，第一一四頁。另外，哈立德—阿爾伯特・塞勒—罕的個人資料則參閱：Gerdien Jonker, *The Ahmadiyya Quest for Religious Progress*, Leiden 2016, S. 146.

18 「參觀柏林這座清真寺必須付三十芬尼。」引述自：侏儒妖（本名阿道夫・史坦恩，»Die Moschee aus der Vogelschau – Dr. Abdullah vom Fehrbelliner Platz«, Glosse Nr. 38 vom 31. Mai 1934, in: Rumpelstilzchen, *Sie wer'n lachen!*, Berlin 1934.

19 「柏林的穆斯林喜歡廣邀當地外交官、文學家和學者出席聚會。」參閱：Marc David Baer, »Muslim Encounters with Nazism and the Holocaust: The Ahmadi of Berlin and Jewish Convert to Islam Hugo Marcus«, in: *The American Historical Review* 120 (2015), Heft 1, S. 140–171, hier S. 157.

20 「一名身披喀什米爾羊毛圍巾的男子……四名來自烏拉爾山脈的韃靼人……」參閱：den Bericht aus der Zeitung *Der Tag*, in Auszügen wiedergegeben in: *Moslemische Revue*, Oktober 1934, S. 92.

21 「一名二十二歲的國家社會黨黨員（納粹黨員）拿出左輪手槍，朝眾人連射了八槍。」參閱：Vossische Zeitung, 19. Februar 1931; *Deutsche Allgemeine Zeitung/Berliner Rundschau*, 19. Februar 1931.

22 「大夥兒圍著穆斯林的茶桌而坐。」引述自：Bericht aus der Zeitung *Der Tag*, in Auszügen wiedergegeben in: *Moslemische Revue*, Oktober 1934, S. 92.

23 「現在他已經取得了弗里德里希—威廉大學的學位」，參閱：Medizinische Berufsakte Dr. Helmy, Landesarchiv Berlin, B Rep. 012, Nr. 1376.赫爾米在一九三二年十一月二十六日就已取得醫師執照，在此之前還實習了一年，就此推算可知他一九三一年時應該早已完成學業。

24 「柏林既是大城市中的暴發戶……」參閱：Walther Rathenau, *Die schönste Stadt der Welt*, Neuausgabe

Hamburg 2015, S. 20.

25 「赫爾米最終決定違背家族的要求」，引述自納賽爾・寇特比教授二〇一六年五月的訪談。

26 「赫爾米深具服務精神」，參閱：Zeugnis für Dr. M. Helmy von Prof. Georg Klemperer, 28. März 1933, Medizinische Berufsakte Helmy, Landesarchiv Berlin, B Rep. 012, Nr. 1376.

27 「他總說：別的醫院根本就不會聘用猶太醫生。」參閱：Interview mit Peter Fleischmann, Haifa 31. Januar 1984,和引用Pross/Winau, *Nicht mißhandeln*, a. a. O., S. 119.

28 「你知道阿拉伯醫生和猶太醫生最大的差別在哪兒嗎？」資料來源同上。

29 「泌尿系統研究」，引述自：Zeugnis für Dr. M. Helmy von Prof. Werner Sieber, 1. August 1937, Medizinische Berufsakte Helmy, Landesarchiv Berlin, B Rep. 012, Nr. 1376, Bl. 11.

30 「他不但精通德語，了解德國的風俗民情。」引述自：Zeugnis für Dr. M. Helmy von Prof. Georg Klemperer, 28. März 1933, Medizinische Berufsakte Helmy, Landesarchiv Berlin, B Rep. 012, Nr. 1376.

31 「穆罕默德・埃爾・哈達里」參閱：Nachlass Prof. Dr. Gerhard Höpp, Zentrum Moderner Orient, Berlin, 07.02.066.

32 「這首打油詩是赫爾米的一位醫生同事，為了院內狂歡節舞會（在院內的醫師休閒賭場中舉辦）而即興創作的。」參閱：Christian Pross/Rolf Winau (Hrsg.), *Nicht mißhandeln*. a. a. O., S. 117 f.

33 「你們阿諛奉承你們的領袖，簡直到了要鑽進他屁眼裡的程度。」參閱：Pross/ Winau, *Nicht mißhandeln*, a. a. O., S. 180.

34 「身為內科醫生的赫爾米。」參閱：赫爾米國賠檔案，Entschädigungsakte Helmy, Landesamt für Bürger- und Ordnungsangelegenheiten Berlin, Entschädigungsbehörde (LABOBerlin), Reg. Nr. 14 500, Bl. C 10, M 11.

35 「地窖監獄裡……主治醫生萊夫科維茨趴在地上爬。」參閱：Robert-Koch-Institut (Hrsg.), *Verfolgte Ärzte im Nationalsozialismus. Dokumentation zur Ausstellung über das SA-Gefängnis General-PapeStraße*, Berlin 1999, S. 53.

36 「他想來拿離職證明」，參閱：Pross/Winau, *Nicht mißhandeln*, a. a. O., S. 143.

37 「萊夫科維茨是猶太人，你正好可以乘機好好地修理他」，同上，第一八一頁。

38 「非猶太裔醫生毫無升遷機會」，同上。

39 「徹底斷絕跟從前的猶太同事的聯繫」，同上，第一八七頁。並參考一九五三年二月九日赫爾米申請國賠時所遞交之聲明in: LABOBerlin, Reg. Nr. 14 500, Bl. C 10–16.

40 「留學生卡瓦亞．阿伯杜爾．哈米德和他親愛的露芭。」參閱：Gerdien Jonker, »Das vergessene Experiment. Deutsch-muslimische Wahlverwandtschaften in der Zwischenkriegszeit«, in: Claudia Schmidt-Hahn, *Islam verstehen – Herausforderung für Europa*, Innsbruck 2015, S. 35–41, hier S. 36 f.

41 「藝術家夫妻雷歐波特．魏斯和艾爾莎．席曼．斯佩西特。」參閱：Gerdien Jonker, *The Ahmadiyya Quest for Religious Progress*, Leiden 2016, S. 142–144.

42 「著作取名為《冥想》。」參閱：Marc David Baer, »Muslim Encounters with Nazism and the Holocaust: The Ahmadi of Berlin and Jewish Convert to Islam Hugo Marcus«, in: *The American Historical Review*120 (2015), Heft 1, S. 140–171, hier S. 155.

43 「雖改信了伊斯蘭教，卻仍是柏林猶太教會的信眾」，同上，第一四七頁。

44 「這兩個宗教非但不衝突……」同上，第一五六頁。

45 「……在雜誌《性》（*Sexus*）……同性戀雜誌《圈子》執筆……」參閱：Manfred Backhausen (Hrsg.), *Die Lahore-Ahmadiyya Bewegung in Europa*, Wembley 2008, S.114.

46 「猶太女性主義者茱莉・沃夫董恩。」參閱：Baer, Muslim Encounters, a. a. O., S. 156.

47 「真是笑破人家的肚皮。」引述自：侏儒妖（本名阿道夫・史坦恩，»Deutsche Mohammedanerinnen«, Glosse Nr. 14 vom 13. Dezember 1928, in: Rumpelstilzchen, *Ja hätt'ste...*, Berlin 1929.

48 「猶太哲學家史賓諾沙（Baruch Spinoza）『根據其家族背景，可追溯出他與伊斯蘭教不可分割的關係』」，引述自：Hugo Marcus, »Spinoza und der Islam«, in: *Moslemische Revue*, Januar 1929, S. 8–24, hier S. 9.

49 「萊夫科維茨醫生於一九三三年帶著妻子離開了德國」，參閱：Robert -KochInstitut (Hrsg.), *Verfolgte Ärzte im Nationalsozialismus*, a. a. O., S. 53.

50 「很多位置突然空了出來」，參閱：Archiv der Humboldt-Universität zu Berlin, Med. Fak. I (1810–1945), 1049, Bl. 37–41, hier Bl. 42. 其實即便到了戰後，在申請國賠時，赫爾米醫生還是主張他原本應該很艱難的職涯升遷，全拜空出來的位置，讓他得以攻讀博士學位，後來才能在醫院裡迅速竄升。但事實上，他是遲至一九三七年才開始攻讀博士的。

51 「波蘭總督府的衛生部長」，參閱：Pross/Winau, *Nicht mißhandeln*, a. a. O., S. 198.

52 「大家都站著，只有一個人坐著」，照片來源：Foto im Familienarchiv el-Kelish.

53 「主任醫生一科科地巡房」參閱：Dr. Karl Stern, zit. n. Pross/Winau, *Nicht mißhandeln*, a. a. O., S. 112.

劃歸「與我同類」

1 「身穿軍服外罩白色醫師袍的醫生們」參閱：Dr. Karl Stern, zit. n. Pross/Winau, *Nicht mißhandeln*, a. a. O.,

S. 203 und 206.

2 「手術方式完全隨自己高興」參閱：Eidesstattliche Versicherung von Dr. Helmy zur Einreichung beim Entschädigungsamt, 9. Februar 1953; notarielle Abschrift in: LABO Berlin, Reg. Nr. 14 500, Bl. C 10–16

3 「猶太醫院的人員淨化行動」參閱：Schreiben des Pharm.-Rat F. Reuter Apothekendirektor, Hauptgesundheitsamt, 10. November 1936, Politisches Archiv des Auswärtigen Amts, R 27 262.

4 「作為一個……民族主義者」引述自：Adolf Hitler, *Mein Kampf*, München 1930, S. 747; zit. n. Klaus-Michael Mallmann/Martin Cüppers, Halbmond und Hakenkreuz. *Das Dritte Reich, die Araber und Palästina*, Darmstadt 2006, S. 44.

5 「黑鬼，低等民族」引述自：Gerhard Höpp, »Zwischen Universität und Straße. Ägyptische Studenten in Deutschland 1849–1945«, in: Konrad Schliephake/Ghazi Shanneik (Hrsg.), *Die Beziehungen zwischen der Bundesrepublik Deutschland und der Arabischen Republik Ägypten*, Würzburg 2002, S. 31–41, hier S. 39 f.

6 「游泳池原先的告示寫著……」出處同上。

7 「報上的標題更聳動地寫著……」參閱：David Motadel, *Islam and Nazi Germany's War*, Cambridge, Massachussetts/London 2014, S. 57.

8 「一九三六年七月一日，各部會首長齊聚外交部」，參閱同上。

9 「拔擢赫爾米為主治醫生」，參閱：Schreiben des Pharm.-Rat F. Reuter Apothekendirektor, Hauptgesundheitsamt, 10. November 1936, Politisches Archiv des Auswärtigen Amts, R27262, sowie Zeugnis für Dr. M. Helmy von Prof. Sieber, 1. August 1937, Medizinische Berufsakte Helmy, Landesarchiv Berlin, B Rep. 012, Nr. 1376, Bl.11.

10 「此項人事命令有助於德國在海外的利益」，參閱：Medizinische Berufsakte Helmy, Landesarchiv Berlin, B Rep. 012, Nr. 1376, Bl. 10.

11 「宣傳部長戈培爾對所有的報章雜誌發出了警告」，參閱：David Motadel, *Islam and Nazi Germany's War*, Cambridge, Massachussetts/ London 2014, S. 58.

12 「艾咪老愛揶揄自己的未婚夫比德國人還要德國人」，引述自赫爾米姪孫的遺孀梅瓦特・埃爾-卡什布二〇一六年五月的訪談。

13 「艾咪還建議他把名字穆罕默德改成兒時的暱稱『莫哈德』」，引述自穆罕默德・埃爾—凱利續和梅瓦特・埃爾—卡什布二〇一六年五月的訪談。

14 「赫爾米醫生雖是外國人，在行為上卻完全是德國人的思考方式」，參閱：Zeugnis für Dr. M. Helmy von Prof. Schilling, 30. September 1934, Politisches Archiv des Auswärtigen Amts, R 8045.

肆無忌憚

1 「為數眾多的病人在接受了最常見的盲腸切除或膽囊切除手術後竟接連死亡」，參閱：Pross/Winau, *Nicht mißhandeln*, a. a. O., S. 206.

2 「蠢到無以復加」，同上，第二二一頁。

3 「經過堅毅的奮戰後，終於攻破了這座打著自由主義—馬克思主義之猶太堡壘的城牆」，引述自：Die SAals Garant der Zukunft, in: Der SAMann, 3. Jg., 17. Februar 1934, S. 1 f., zit. n. Pross/Winau, *Nicht*

mißhandeln, a. a. O., S. 194 f.

4 「史特勞斯根本不會開刀」，引述自：Pross/Winau, *Nicht mißhandeln*, a. a. O., S. 206 f.

5 「一時疏忽把病人的腸子縫在腹腔壁上」，出處同上，二百零七頁。

6 「你應該很快就能投胎當個改邪歸正的好德國人了」，出處同上。

7 「他從不畏懼在病人或護理人員面前給德籍醫生難堪」，參閱：Schreiben von Prof. Helmut Dennig an die Ärztekammer Berlin, 13. Dezember 1937, Politisches Archiv des Auswärtigen Amts, R27262. Zur Person Dennigs vgl. auch Klaus Dörner/Angelika Ebbinghaus/Karsten Linne (Hrsg.), *Der Nürnberger Ärzteprozeß 1946/47*, München 2000, S. 88.

8 「科學家愛因斯坦、哲學家馬丁・布伯……」參閱：Peter Schütt, »Preußens Gloria und die Grüne Fahne des Propheten«, in: *Mut. Forum für Kultur, Politik und Geschichte* 362 (1997), S. 40–51, hier S. 50.

9 「……我正在計算……」引述自：Carl Seelig (Hrsg.), *Helle Zeit – dunkle Zeit. In memoriam Albert Einstein*, Zürich 1956, S. 55.

10 「巴格達的人們興致勃勃且求知若渴地閱讀著亞里斯多德和柏拉圖的著作」，引述自：Zaki Aly, »Die arabische Kultur im 10. Jahrhundert«, in: *Moslemische Revue*, Januar 1934, S. 18.

11 「阿拉伯醫學先驅阿布・卡希姆的千歲冥誕」參閱：Gerhard Höpp, »Die Sache ist von immenser Wichtigkeit... «. Arabische Studenten in Berlin. Manuskript im Nachlass Prof. Dr. Gerhard Höpp, Zentrum Moderner Orient, Berlin, 07.08.005, S. 20.

12 「柏林當時的穆斯林雜誌可謂百花齊放，蓬勃無比」參閱：Marc David Baer, »Muslim Encounters with Nazism and the Holocaust: The Ahmadi of Berlin and Jewish Convert to Islam Hugo Marcus«, in: *The American*

Historical Review 120 (2015), Heft 1, S. 140–171, hier S. 148.

13 「毫無疑問，柏林市民很樂於貢獻一己之力……」參閱：Carl Krug, »Die Sonder-Ausstellung Kairo«, in: Fritz Kühnemann, B. Fehlisch, L. M. Goldberger (Hrsg.), Berlin und seine Arbeit. Amtlicher Bericht der Berliner Gewerbe-Ausstellung 1896, Berlin 1896, S. 867–873, hier S. 871; zit. n. Aischa Ahmed, »›Die Sichtbarkeit ist eine Falle‹«. Arabische Präsenzen, Völkerschauen und die Frage der gesellschaftlich Anderen in Deutschland (1896/1927)«, in: José Brunner/Shai Lavi (Hrsg.), »Juden und Muslime in Deutschland. Recht, Religion, Identität«, in: *Tel Aviver Jahrbuch für deutsche Geschichte*, Göttingen 2009, S. 81–102, hier S. 96.

14 「只是個外來者，德文說得一塌糊塗……」引述自：Schreiben von Prof. Helmut Dennig an die Ärztekammer Berlin, 13. Dezember1937, Politisches Archiv des Auswärtigen Amts, R27262.

15 「赫爾米的德文信寫得極為優異，口語更是毫無口音」：此乃根據在柏林開業的卡爾斯登．穆爾德醫生之轉述（Karsten Mülder），他說一位在戰後曾任職於赫爾米診所的護士曾這麼向他描述過赫爾米醫生。

16 「高中畢業於吉薩的聖迪亞中學」，引述自納賽爾．寇特比教授二〇一六年五月的訪談。

17 「啤酒教堂和香腸皇宮」引述自：Walther Rathenau, Die schönste Stadt der Welt, Neuausgabe Hamburg 2015, S. 26.

18 「網球場上……可以遇到柏林清真寺的年輕教長……」引述自：侏儒妖 (d. i. Adolf Stein), »Dr. Abdullah vom Fehrbelliner Platz«, Glosse Nr. 38 vom 31. Mai 1934, in: Rumpelstilzchen, *Sie wer'n lachen!*, Berlin 1934.

19 「寧願送到別家醫院」參閱：Christian Pross/Rolf Winau (Hrsg.), *Nicht mißhandeln*, a. a. O., S. 207.

20 「她總愛跟男孩子廝混到很晚」，同上，第二一五頁及其後。

21 「光是一九三四年到一九三五年，就有大約四百位女性在接受這種強制節育手術後命喪醫院」，同上，第二二〇頁。

22 「一開始共事的時候雖然沒什麼問題……」引述自：Schreiben von Prof. Werner Sieber an die KrankenhausDirektion, 12. Dezember 1937, Politisches Archiv des Auswärtigen Amts, R27262.

23 「不折不扣的東方人」引述自：Schreiben von Prof. Helmut Dennig an die Ärztekammer Berlin, 13. Dezember 1937, Politisches Archiv des Auswärtigen Amts, R27262.

24 「赫爾米醫生，一個含米特人」，引述自：一九五三年二月九日赫爾米提出國賠申請時所陳述之內容。notarielle Abschrift in: Landesamt für Bürger- und Ordnungsangelegenheiten Berlin, Entschädigungsbehörde (LABOBerlin), Reg. Nr. 14 500, Bl. C 10–16.

25 「匯了兩百英鎊到國外」，引述自：Bericht von Julie Wehr, 26. September 1945, Yad Vashem Archives, M. 31/12582.

26 「八百美元的佣金，或者其他時候則是接受珠寶餽贈」參閱：古特曼家族資料館檔案，一九四八年十月二十五日塞西莉亞・魯德尼克寫給安娜的信（Brief von Cecilie Rudnik an Anna, 25. Oktober1948, Familienarchiv Gutman.）

27 「赫爾米會毫不示弱地反擊」參閱：Vermerk des Orient-Gesandten des Auswärtigen Amts Werner Otto von Hentig, 7. Dezember 1939, Politisches Archiv des Auswärtigen Amts, R27262.

28 「醫院主管恨不得立刻把赫爾米趕出醫院」引述自：Schreiben von Prof. Helmut Dennig an die Ärztekammer Berlin, 13. Dezember 1937, Politisches Archiv des Auswärtigen Amts, R27262.

29 「基於外交考量」參閱：Schreiben von Prof. Werner Sieber an die Krankenhaus-Direktion, 12. Dezember

1937, Politisches Archiv des Auswärtigen Amts, R27262.

30 「赫爾米醫生，一個含米特人，診治德國女人」引述自：一九五三年二月九日，赫爾米提出國賠申請時所陳述之內容。notarielle Abschrift in: Landesamt für Bürger- und Ordnungsangelegenheiten Berlin, Entschädigungsbehörde (LABO Berlin), Reg. Nr. 14 500, Bl. C 10–16.

40 「希特勒根本是個失能的癱瘓者……衝鋒隊總指揮赫爾曼．戈林是……自大的吹牛王」，同上。

41 「只有進廁所的時候」，同上。

「立刻逮捕！」

1 「科尼策一家人，亦即太太格特魯德和先生阿圖爾……製帽廠老闆女兒格特魯德．波貝爾特……」這些住戶（其中有些只短暫居住過）的生平和資料之所以能夠不佚失，必須感謝卡爾斯登．穆爾德醫生和他的妻子薩賓娜．穆爾德，他們那些未出版過的、對克雷費爾德街七號的研究可謂彌足珍貴。其內容曾在二〇一四年七月四日赫爾米醫生的紀念碑揭幕典禮上陳列過一次，如須參閱詳細內容可諮詢作者夫妻。

2 「偷偷開業」，參閱：一九五三年二月九日赫爾米提出國賠申請時所陳述之內容。notarielle Abschrift in: LABOBerlin, Reg. Nr. 14 500, Bl. C 10–16.

3 「她的願望是成為小兒科護士」參閱安娜．博洛斯國賠檔案Entschädigungsakte Anna Boros, LABOBerlin, Reg. Nr. 52 472, Bl. E 5.

4 「真的一輩子也說不完」參閱：安娜本人所寫之自傳，一九四五年十一月一日，Selbstverfasster Lebenslauf von Anna, 1. November 1945, 收藏於以色列猶太大屠殺紀念館資料庫Yad Vashem Archives, M. 31/12582.

5 「安娜被迫轉學到另一間猶太學校」，雖然安娜戰後曾自述，她所就讀的位於奧古斯特十一至十三號（Auguststraße 11–13）的猶太學校，於一九三九或一九四〇年期間關閉，但事實上那間學校是在一九四二年一月三十日才關閉的。相關資料可參閱：Jörg H. Fehrs, *Von der Heidereutergasse zum Roseneck. Jüdische Schulen in Berlin 1712–1942*, Berlin 1993, S. 118. Zu dieser Schule vgl. auch Regine Scheer, Ahawah. *Das vergessene Haus*, Berlin 1993, S. 9 und Anhang.

6 「安娜是猶太人，所以不能為『亞利安』病人提供服務」，參閱：Paragraf 2, Absatz 2 der Achten Verordnung zum Reichsbürgergesetz vom 17. Januar 1939 (RGBl. I, S. 47): Juden, die zu den Hilfskräften in der Gesundheitspflege (Paragraf 1, Absatz 1 des Gesetzes zur Ordnung der Krankenpflege vom 28. September 1938, RGBl. I S 1309) zählten, durften ihre Berufstätigkeit nur »an Juden oder in jüdischen Anstalten« ausüben.

7 「赫爾米醫生也幫助過科尼策一家人，還有歐彭海默爾和本納茨基兩家人」，根據收藏於以色列猶太大屠殺紀念館資料庫中的安娜本人所寫之自傳（一九四五年十一月一日），Yad Vashem Archives, M. 31/12582. 但在赫爾米醫生自己於戰後所寫的自傳及回憶錄中這些名字並沒有出現過，所以很有可能是指與赫爾米醫生同住在克雷費爾德街七號的格特魯德和阿圖爾．科尼策夫妻，他們在一九四三年一月十二日被遣送至奧斯威辛集中營，並且死於那裡，相關資料可參閱：Zentralinstitut für sozialwissenschaftliche Forschung der Freien Universität Berlin (Hrsg.), *Gedenkbuch Berlins der jüdischen Opfer des Nationalsozialismus*, Berlin 1995. Die Namen Benatzky und Oppenheimer lassen sich nicht zuordnen.

8 「方法好像是——安娜在戰後旁敲側擊地暗示——透過提供非法證件」參閱：安娜本人所寫之自傳，一九四五年十一月一日，Selbstverfasster Lebenslauf von Anna, 1. November 1945, 收藏於以色列猶太大屠殺紀念館資料庫Yad Vashem Archives, M. 31/12582.

9 「他要求要見赫斯兄弟」參閱：一九五三年二月九日赫爾米提出國賠申請時所陳述之內容。notarielle Abschrift in: LABOBerlin, Reg. Nr. 14 500, Bl. C 10–16.

10 「自己絕沒有說赫斯是個白癡」，出處同上。

11 「專攻腎臟和膀胱治療」參閱：Zeugnis für Dr. Helmy von Prof. Schilling, 30. September 1934, Politisches Archiv des Auswärtigen Amts, R 8045

12 「赫斯……兄弟倆在埃及亞歷山大港度過了童年」參閱：Kurt Pätzold/Manfred Weißbecker, *Rudolf Heß. Der Mann an Hitlers Seite*, Leipzig 1999, S. 17.

13 「赫斯是個笨蛋」參閱：赫爾米國賠檔案Entschädigungsakte Helmy, LABOBerlin, Reg. Nr. 14 500, Bl. C 5. 赫爾米醫生和赫斯兄弟曾就讀同一所學校的傳聞應該並非事實，因為雙方的年齡相差太多，加上他們在埃及居住的城市根本不一樣，赫斯兄弟住亞歷山大港，赫爾米醫生則——根據二〇一六年五月與寇特比教授和艾哈邁德．法格哈爾的訪談——居住過吉薩（Gizeh）、坦塔（Tanta）和開羅。況且魯道夫．赫斯其實只在一間天主教小學就讀過一年，後來就請私人教師在家授課。相關資料可參閱：Pätzold/Weißbecker, *Rudolf Heß*, a. a. O., S. 17. 雙方並非同學應該比較可能是事實，因為赫爾米也曾自述杜撰此謠言的人分明是想害他。不過，戰後赫爾米醫生曾自述，此謠言雖把他塑造成了一個口無遮攔的反納粹分子，但其實這對他也不是壞事，甚至反而有利。

14 「癱瘓者希特勒，或吹牛王戈林」，參閱上一章相同內容的出處。

15 「鎖定那人為頭號目標……絕無可能將他視之為善類」參閱：一九三九年十一月九日，納粹外交事務主管寫給柏林警政署的信件，和一九三九年十一月十六日外交部的附註，檔案藏於外交部政治檔案室Politisches Archiv des Auswärtigen Amts, R27262.

16 「他隨時願意，為處理這傢伙的問題挺身而出」，出處同上。

17 「魯道夫・赫斯都開始『親自』關注赫爾米」，參閱：一九四一年五月十六日外交部附註文，外交部政治檔案室Politisches Archiv des Auswärtigen Amts, R 29863.

18 「根據副元首的特別指示」參閱：一九三九年十一月十七日外交部附註文，外交部政治檔案Politisches Archiv des Auswärtigen Amts, R27262.

19 「阿爾弗雷德被英國政府拘留數日」參閱：Werner Otto von Hentig, *Mein Leben. Eine Dienstreise*, Göttingen 1962, S. 332.

20 「赫斯氣急敗壞地衝到外交部對著國務祕書恩斯特・馮・魏茨澤克」，出處同上，三百三十二頁及其後。

21 「應立刻逮捕上述三國人民約十人」，出處同上。此外可參閱：一九三九年九月三十日外交部信件（「最速件」檔），外交部政治檔案Politisches Archiv des Auswärtigen Amts, R27262；一九三九年十月十日國防部指揮官附註文，外交部政治檔案Politisches Archiv des Auswärtigen Amts, R27262：「為因應帝國人民在埃及被捕，作為報復措施，應逮捕德國境內一定數量之埃及人，不過同時亦可評估，是否釋放埃及人，另行逮捕英國人，或許可收更佳之成效。有鑑於德國人在埃及被捕時因英國之施壓，因此釋放埃及人，其實能為德國在埃及爭取到更有利的政治影響力。」

22 「最速件」，參閱：一九三九年九月三十日外交部信件（「最速件」檔），外交部政治檔案Politisches

Archiv des Auswärtigen Amts, R27262.

不抱希望了——隱身於世

1 「祖母……被關在亞歷山大廣場的蓋世太保監獄裡三星期」，參閱：Jani Pietsch, »Ich besaß einen Garten in Schöneiche bei Berlin«. *Das verwaltete Verschwinden jüdischer Nachbarn und ihre schwierige Rückkehr*, Frankfurt/New York 2006, S. 101.

2 「赫爾米……建議祖母立刻躲起來」，參閱：Bericht von Julie Wehr, 26. September 1945, Yad Vashem Archives, M.31, 12582. Datum laut Pietsch, *Garten in Schöneiche*, a. a. O., S. 101.

3 「是他說服了我的祖母」，參閱：安娜一九四五年七月十日的自述，Bericht von Anna, 10. Juli 1945, Yad Vashem Archives, M. 31/12582.

4 「祖母還是猶豫了一下」，參閱安娜母親尤莉亞・韋爾一九四五年九月二十六日的自述，von Julie Wehr, 26. September 1945, Yad Vashem Archives, M. 31/12582; Pietsch, Garten in Schöneiche, a. a. O., S. 104.

5 「那晚她寄住在奧托・布亞家中」參閱：尤莉亞・韋爾一九四七年十一月六日寫給亨利・古特曼的信Brief Julie Wehr an Henry Gutman, 6. November 1947, Familienarchiv Gutman.

6 「弗莉妲・茨都曼……平時喜歡算塔羅牌」參閱：塞西莉亞・魯德尼克國賠檔案Entschädigungsakte Cecilie Rudnik, LABOBerlin, Reg. Nr. 25535, Bl. C 8.

7 「我們一個個被戴上手銬」，參閱：Vermerk des Auswärtigen Amts, 23. Februar 1940, Politisches Archiv des

Auswärtigen Amts, R 13637.

8 「烏茲堡（Wülzburg）」：在某些證人的回憶錄中烏茲堡常會被誤寫為「Wühlsburg」，但在外交部的政治檔案中已做出更正，資料可參閱：Politisches Archiv des Auswärtigen Amts, R 27262 (etwa den Stempel des Lagerarztes oder den Schriftverkehr zwischen Gestapo und Auswärtigem Amt).

9 「特別具有交換價值的埃及人」：但逮捕對象的挑選乃交由蓋世太保全權決定，參閱：Vermerk des Orient-Gesandten des Auswärtigen Amts Werner Otto von Hentig, 5. Oktober 1939, Politisches Archiv des Auswärtigen Amts, R27262.

10 「第一要務就是先逮捕那些社會地位最高者」，參閱：外交部一九三九年十二月四日的內部紀錄（「密件檔」），Aufzeichnung des Auswärtigen Amts (»Geheim«), 4. Dezember 1939, Politisches Archiv des Auswärtigen Amts, R27262.

11 「德埃商會總會長貝伊・阿奇茲・科塔博士、伊斯蘭教會主席里亞德・艾哈邁德・穆罕默德，及住在選帝侯大道上的芭蕾舞大師阿布杜爾・阿奇茲・索里曼，還有埃及王子的兒子扎基・哈利姆」，參閱：Schreiben Werner Otto von Hentigs an Unterstaatssekretär Woermann, 5. Oktober 1939, sowie Schreiben der Islamischen Gemeinde zu Berlin an Hentig, 28. Oktober 1939, beide Politisches Archiv des AA, R 41394.

12 「所有被捕之帝國人民都被埃及當局釋放後為止」，參閱：一九三九年十一月九日納粹外交事務主管寫給柏林警政署的信件，和一九三九年十一月十七日外交部寫給蓋世太保的信件，檔案藏於外交部政治檔案室Politisches Archiv des Auswärtigen Amts, R27262.

13 「下令釋放先前逮捕的所有埃及人……納粹政府對埃及當局的要求至此完全落空」：赫爾米醫生被排在第一批釋放的名單中，此乃基於外交考量，因為有兩名在埃及被捕的德國人生病了，埃及當局答應釋放他們以便他們就醫，相應的納粹也答應釋放當時同樣生病了的赫爾米醫生作為交換。相關資料參閱：Vermerk des Unterstaatssekretärs im Auswärtigen Amt Theodor Habicht, 24. Mai 1940, Politisches Archiv des Auswärtigen Amts, R 7620.

14 「最能收宣傳之實效的」參閱：Vermerk vom 29. April 1941, Politisches Archiv des Auswärtigen Amts, R 29863.

15 「穆罕默德・陶費克・瑪加希德」，參閱：Schreiben Kamal el-Din Galal an Werner Otto von Hentig, 30. Mai 1941, Politisches Archiv des Auswärtigen Amts, R 29863.

16 「基於間諜防治之必要，這批人也必須受到嚴格監視」參閱：Vermerk von Alfred Heß, 25. Oktober 1940, Politisches Archiv des Auswärtigen Amts, R 29863.

17 「赫爾米甚至得天天到警察局報到」，根據二〇一六年五月和艾哈邁德・法格哈爾的訪談。

18 「讓赫爾米醫生幾乎身陷險境」，參閱：安娜一九四五年七月十日的自述，Bericht von Anna, 10. Juli 1945, Yad Vashem Archives, M. 31, 12582.

19 「不停地咒罵」，同上。

20 「那個胖子」參閱：安娜的信件，古特曼家族資料館檔案。

21 「長得不怎麼高，頭髮也不多」，乃根據他在「法西斯主義受害者身分證（Opfer des-Faschismus-Ausweis）」上的照片，喬治・韋爾國賠檔案Entschädigungsakte Georg Wehr, LABO Berlin, Reg. Nr. 71 761.

22 「不停地咒罵」，根據馬丁・魯德尼克一九五〇年四月八日寫給安娜的信，古特曼家族資料館檔案Familienarchiv Gutman.

23 「他並非猶太人」，參閱喬治・韋爾國賠檔案Entschädigungsakte Georg Wehr, LABO Berlin, Reg. Nr. 71 761, Bl. C 2.

24 「布爾克街二十八號」，有關此建築的種種描述請參閱：Beata Kosmala, Mißglückte Hilfe und ihre Folgen: Die Ahndung der »Judenbegünstigung« durch NS-Verfolgungsbehörden, in: Beata Kosmala/Claudia Schoppmann (Hrsg.), *Überleben im Untergrund. Hilfe für Juden in Deutschland 1941–1945*, Berlin 2002, S. 205–221, hier S. 209 f.

25 「安娜的祖母第一次開口向女婿求助」，參閱：喬治・韋爾國賠檔案Entschädigungsakte Georg Wehr, LABO Berlin, Reg. Nr. 71 761, Bl. M 13.

26 「將水果行過戶給『亞利安裔的女婿』是不被允許的」，參閱資料同上，Bl. E 5，穆勒博士（Dr. Müller）於一九三八年三月二十一日所寫的信。

27 「特蘭斯達努比亞股份有限公司以極為可笑的低價九千五百馬克取得了水果行」參閱：塞西莉亞・魯德尼克國賠檔案Entschädigungsakte Cecilie Rudnik, LABO Berlin, Reg. Nr. 25 535, Bl. M 6. 有關金額的部分則參閱：Datenbank »Berliner Gewerbebetriebe 1930–1945« im Berliner Landesarchiv, Eintrag M. Rudnik GmbH. Zur Interpretation auch Jani Pietsch, »Ich besaß einen Garten in Schöneiche bei Berlin«, a. a. O., S. 103.

28 「每個人都知道我的情況」，參閱：喬治・韋爾國賠檔案Entschädigungsakte Georg Wehr, LABO Berlin, Reg. Nr. 71 761, Bl. M 14.

29 「這不是一個可靠的人」，同上，Bl. M 14. B29, E11.

30 「……在利希特費爾德區的一名熟人那裡謀得工作。那個熟人經營香腸店……」同上，Bl. M 14.

31 「韋爾甚至收拾行囊，作勢要離開」參閱：安娜於一九四五年七月十日所做的自述，Bericht von

Anna, 10. Juli 1945, Yad Vashem Archives M. 31, 12582.

32 「我們真的是費盡唇舌」和後面的話出處都同上。但根據安娜母親尤莉亞的說法，這所有一切都只是赫爾米醫生和韋爾之間透過電話溝通的結果，其他人並沒有參與，參閱：Bericht von Julie Wehr, 26. September 1945, Yad Vashem Archives, M. 31/12582.。但尤莉亞的說法令人存疑，因為安娜有提到透過電話溝通有被監聽的疑慮。

33 「但這麼一來，赫爾米醫生就得為一切負起全責」，參閱：安娜於一九四五年七月十日所做的自述，Bericht von Anna, 10. Juli 1945, Yad Vashem Archives, M. 31/12582.

34 「希爾德嘉德・烏伯瑞西」，參閱：馬丁・魯德尼克國賠檔案Entschädigungsakte Martin Rudnik, LABOBerlin, Reg. Nr. 23973, Bl. C 8f., C 10, D 28.

35 「一九三八年開始，馬丁便在格倫鮑姆醫生那裡當學徒」，出處同上，Bl. M 17.。

36 「學到了如何運用橡膠、金屬製作假牙和牙床，還學會了鑄模技術」，出處同上，Bl. E 3.

37 「他被強制服勞役的地方，位於柏林的魏林湖附近的金屬加工廠」，出處同上，Bl. M 17.

38 「他藉化名從事各種黑市交易」，出處同上，Bl. D 27–28.

39 「萊卡相機、父親遺物中一只價值不菲的戒指，還有一個K金懷錶」，出處同上，Bl. D 18.

40 「奧托・布亞也會不定時地過來探望他，帶些錢和香菸給他」，出處同上，Bl. D 27–28.

41 「每當馬丁真的遇到問題或危險時」，參閱：尤莉亞・韋爾於一九四五年九月二十六日的自述Bericht von Julie Wehr, 26. September 1945, Yad Vashem Archives, M. 31/12582.

42 「已經離開了」，參閱：安娜於一九五三年十二月自撰的生平與經歷，Landesarchiv Berlin, B Rep. 078, Nr. 0561 (Aktenbestand »Unbesungene Helden«, Antrag Mohd Helmy), Bl. 13–16, hier Bl. 14.

43 「倘若我不乖乖聽話離開」，參閱：安娜國賠檔案Entschädigungsakte Anna, LABOBerlin, Reg. Nr. 52472, Bl. C 45.

一項大膽的計畫

1 「路德維希隊長，要求她戴上星星」，參閱：安娜國賠檔案Entschädigungsakte Anna, LABOBerlin, Reg. Nr. 52472, Bl. C 40.

2 「外國人必須離開」，參閱：安娜於一九四五年七月十日所做的自述，Bericht von Anna, 10. Juli 1945, Yad Vashem Archives, M. 31/12582.

3 「安娜雖然不打算乖乖聽話，但她已經見識到不聽話的外籍猶太人會有何下場」，參閱：安娜於一九五三年十二月自撰的生平與經歷，Landesarchiv Berlin, B Rep. 078, Nr. 0561 (Aktenbestand »Unbesungene Helden«, Antrag Mohd Helmy), Bl. 13–16.

4 「那些可憐的人被抓起來關」，參閱：安娜本人所寫之自傳，一九四五年十一月一日，Yad Vashem Archives, M. 31/12582.

5 「一九四一年十一月羅馬尼亞政府已口頭承諾德意志帝國將追隨納粹的做法」，參閱：Radu Ioanid, *The Holocaust in Romania. The Destruction of Jews and Gypsies Under the Antonescu Regime, 1940–1944*, Chicago 2000, S. 259–270.

6 「在幫安娜蓋章時，甚至好意地提醒她」，參閱：安娜於一九五三年十二月自撰的生平與經歷，

Landesarchiv Berlin, B Rep. 078, Nr. 0561 (Aktenbestand »Unbesungene Helden«, Antrag Mohd Helmy), Bl. 13–16.

7 「所以當時我只有一條路可走」，引述自安娜於一九四五年七月十日所做的自述，Yad Vashem Archives, M. 31/12582.

8 「其實之前就已經有傳聞，上了火車的猶太人根本去不了羅馬尼亞」，參閱：安娜於一九五三年十二月自撰的生平與經歷，Landesarchiv Berlin, B Rep. 078, Nr. 0561 (Aktenbestand »Unbesungene Helden«, Antrag Mohd Helmy), Bl. 13–16.

9 「祖母不管到哪裡都跟別人處不好」，引述自安娜於一九四五年七月十日所做的自述，Yad Vashem Archives, M. 31/12582.

10 「她真的很討人厭」，出處同上。

11 「鋼鐵般的意志與勤勉」還有「節儉小氣」，參閱：塞西莉亞．魯德尼克本人所寫之自傳，一九四五年十一月五日，Landesarchiv Berlin, C Rep. 118–01, Nr. 35 340.

12 「一個老要為了一家溫飽而操心和出頭的女人」，參閱：Brief von Helene Mattisson an Anna Gutman, 10. September 1948, Familienarchiv Gutman.

13 「鄰居們必須感覺那房間裡沒有住人」，參閱：Jani Pietsch, »Ich besaß einen Garten in Schöneiche bei Berlin«. *Das verwaltete Verschwinden jüdischer Nachbarn und ihre schwierige Rückkehr*, Frankfurt/New York 2006, S. 104.

14 「馬丁那傢伙乾脆不跟我們聯絡」，引述自安娜一九四五年九月二十六日的自述Bericht von Anna, 26. September 1945, Yad Vashem Archives, M. 31/12582.

15 「蓋世太保開始盯上我」，參閱：安娜本人所寫之自傳，一九四五年十一月一日，Yad Vashem

Archives, M. 31/12582.

16 「出示購票證明」，參閱：安娜於一九五三年十二月自撰的生平與經歷，Landesarchiv Berlin, B Rep. 078, Nr. 0561 (Aktenbestand »Unbesungene Helden«, Antrag Mohd Helmy), Bl. 13–16, hier 14 f.

17 「即便蓋世太保不相信我父母講的話」，出處同上，Bl. 14.

18 「改名娜迪亞」，參閱：二〇一六年九月與卡爾菈・古特曼・葛林斯潘和查爾斯・古特曼的訪談。

人前毫不起眼

1 「頭巾……具有魔法的隱身布」，參閱：二〇一六年九月與卡爾菈・古特曼・葛林斯潘和查爾斯・古特曼的訪談。

2 「白天安娜坐赫爾米醫生的車，兩人一起去上班」，同上。

3 「最具政治宣傳效果的」，參閱：一九四一年四月二十九日外交部附註文，外交部政治檔案Vermerk des Auswärtigen Amts, 29. April 1941, Politisches Archiv des Auswärtigen Amts, R 29863.

4 「我姪女從德勒斯登來我這兒依親」，參閱：安娜於一九五三年十二月自撰的生平與經歷，Landesarchiv Berlin, B Rep. 078, Nr. 0561 (Aktenbestand »Unbesungene Helden«, Antrag Mohd Helmy), Bl. 13–16, hier 15，以及二〇一六年九月與卡爾菈・古特曼・葛林斯潘和查爾斯・古特曼的訪談。

5 「我從赫爾米醫生的身上學到好多事」，參閱：二〇一六年九月與卡爾菈・古特曼・葛林斯潘和查爾斯・古特曼的訪談。

6 「穆斯林獲得自由的最後機會」，參閱：Pamphlet »Muselmannen«, ca. 1944, Bundesarchiv, Militär archiv, RS3–39/1, zit. n. David Motadel, Islam and Nazi Germany's War, Cambridge, Massachusets/London 2014, S. 250.

7 「領袖閣下」及後面相關內容，引述自：一九三九年十二月八日赫爾米寫給希特勒的信，外交部政治檔案Politisches Archiv des Auswärtigen Amts, R 27262.

8 「但條件是，他們必須負責讓在埃及被捕的德國人盡快獲釋」，參閱：一九三九年十一月十九日馬丁・鮑曼的附註文，外交部政治檔案Politisches Archiv des Auswärtigen Amts, R 27262.

9 「借重他們卓著的影響力與人脈」引述自：一九三九年十一月十七日外交部致蓋世太保的信件，外交部政治檔案Politisches Archiv des Auswärtigen Amts, R 27262.

10 「赫爾米和影院業者科塔再度被捕」：一九三九年十二月八日至一九四〇年一月五日，赫爾米並未被關，並允許他自由行動。參閱：Vermerk von Alfred Heß vom 24. Oktober 1940 sowie Vermerk vom 29. April 1941, Politisches Archiv des Auswärtigen Amts, R 29863.

11 「他乃納粹黨員中『唯一的一個埃及人』」，參閱：一九三九年赫爾米寫給領事梅爾徹斯博士的信，Schreiben Helmys an Konsul Dr. Melches, 13.13.1939 (sic), Politisches Archiv des Auswärtigen Amts, R 27262.

12 「信奉伊斯蘭教的德國人」，參閱：Rundschreiben Nr. 124/43, Führerhauptquartier, 2. September 1943, Bundesarchiv Berlin, NS6/342.

13 「立刻就向黨部求證」，參閱：Politisches Führungszeugnis zur Vorlage beim Auswärtigen Amt, NSDAP Gau Berlin, Kreis IV, Ortsgruppe Wiking, 13. Dezember 1939, Politisches Archiv des Auswärtigen Amts, R 27262.

14 「書中許多內容就當時的政治情況和阿拉伯民眾的觀感而言……」參閱：一九三六年十一月十二日

宣傳部致外交部的信件，Brief des Propagandaministeriums an das Auswärtige Amt, 12. November 1936, Politisches Archiv des Auswärtigen Amts, R 121232.

15 「『民族共同體』一詞換成『民主』」參閱：Marc David Baer, »Muslim Encounters with Nazism and the Holocaust: The Ahmadi of Berlin and Jewish Convert to Islam Hugo Marcus«, in: The American Historical Review120 (2015), Heft 1, S. 140–171, hier S. 159.

16 「《穆斯林周刊》上」，參閱資料同上。

17 「一九三八年更進一步協助他取得阿爾巴尼亞的伊斯蘭假護照和英籍印度人的假護照」，參閱資料同上，S. 158–160。

18 「第一次由穆斯林執筆翻譯之《可蘭經》」，參閱：Manfred Backhausen, *Die Lahore-Ahmadiyya-Bewegung in Europa*, Wembley 2008, S. 77.

19 「至今為止安娜只在柏林見過父親一次」，根據二〇一六年九月與卡爾菈・古特曼・葛林斯潘和查爾斯・古特曼的訪談。

20 「負責廚房的工作」，參閱：一九四七年八月十二日安娜・古特曼寫給亨利・古特曼的信Brief Anna Gutman an Henry Gutman, 12. August 1947, Familienarchiv Gutman.

21 「縫紉或編織都非常拿手」，根據二〇一六年九月與卡爾菈・古特曼・葛林斯潘和查爾斯・古特曼的訪談。

22 「部長閣下，煩請將這封請願書轉呈予我們敬愛的領袖，冒昧請託萬望見諒」，參閱：艾咪・恩斯特寫給外交部長馮・里賓特洛甫的信，Brief von Emmy Ernst an Joachim von Ribbentrop, 16. April 1940, Politisches Archiv des Auswärtigen Amts, R 8045.

23 「赫爾米醫生自一九二九年起在政治上就是納粹黨的支持者」參閱：艾咪・恩斯特寫給希特勒的信 Brief von Emmy Ernst an Hitler, 16. April 1940, Politisches Archiv des Auswärtigen Amts, R 8045.

24 「猶太人……進行大規模的突襲和逮捕」以及後面的相關內容，參閱：Beata Kosmala, »Mißglückte Hilfe und ihre Folgen: Die Ahndung der »Judenbegünstigung« durch NS-Verfolgungsbehörden«, in: Beata Kosmala/Claudia Schoppmann (Hrsg.), *Überleben im Untergrund. Hilfe für Juden in Deutschland 1941–1945*, Berlin 2002, S. 205–221, hier S. 209, sowie Christian Dirks, »›Greifer‹. Der Fahndungsdienst der Berliner Gestapo«, in: Beate Meyer/Hermann Simon (Hrsg.), *Juden in Berlin 1938–1945*, Berlin 2000, S. 233–257.

25 「繼續非法地幫猶太人看病」，參閱：安娜於一九五三年十二月自撰的生平與經歷，Landesarchiv Berlin, B Rep. 078, Nr. 0561 (Aktenbestand »Unbesungene Helden«, Antrag Mohd Helmy), Bl. 13–16, hier Bl. 15.

入虎穴

1 「親衛隊偏偏指名要赫爾米醫生和其助理娜迪亞來這裡」，根據二〇一六年九月與卡爾菈・古特曼・葛林斯潘和查爾斯・古特曼的訪談。

2 「猶太人就像會讓人染病的害蟲一樣」以及後面的相關內容，引述自：Klaus-Michael Mallmann/Martin Cüppers, Halbmond und Hakenkreuz. *Das Dritte Reich, die Araber und Palästina*, Darmstadt 2006, S. 115.

3 「猶太人的不義之財是該受到制裁了」，出處同上，第四十九頁。

4 「阿拉伯人進行抗議罷工……隨處可見納粹的卍字標誌」，出處同上。

5 「外在裝扮對強化軍隊具有非凡之意義」，參閱：David Motadel, *Islam and Nazi Germany's War*, Cambridge, Massachussets/London 2014, S. 260.

6 「希特勒的功績，『他所做的一切都是為了真主，為了信仰，為了美德』」，參閱：M. N., Bajramfest in der Division: Eine Gemeinschaft auf Gedeih und Verderb: Ansprachen des Kommandeurs und des Divisions-Imams zum Bajramfest (Bajram u Našoj Diviziji: Zakleta Zajednica: Govor Zapovednika i Divizijskog Imama Prilikom Bajramske Sve anosti'), in: Handžar7, 1943, zit. n. ebenda, S. 255.

7 「藉亞利安化之名徵收來的別墅、辦公室和官邸」，參閱資料同上，第四十二頁，以及Mallmann/Cüppers, *Halbmond und Hakenkreuz*, a.a.O., S. 41 f., 108, 319.

8 「齋戒月結束時與這些穆斯林兄弟一同歡慶」，參閱：Motadel, *Islam and Nazi Germany's War*, a. a. O., S. 254 f.

9 「軍人就吃這一套」，引述自：親衛隊首領希姆萊之私人醫生菲力克斯・凱爾斯頓（Felix Kersten）的回憶錄，*Totenkopf und Treue. Heinrich Himmler ohne Uniform. Aus den Tagebuchblättern des finnischen Medizinalrats Felix Kersten*, Hamburg 1952, S. 203 (1. Dezember 1942).

10 「猶太兒童送往巴勒斯坦……大穆夫提強烈反對」，參閱：Mallmann/Cüppers, *Halbmond und Hakenkreuz*, a. a. O., S. 117.

11 「我們絕不能做出絲毫讓步」，引述自：Gerhard Höpp (Hrsg.), *MuftiPapiere. Briefe, Memoranden, Reden und Aufrufe Amin al-Hussainis aus dem Exil, 1940–1945*, Berlin 2001, S.233.

12 「對抗猶太人的戰爭中絕不會有任何妥協」，引述自：Mallmann/Cüppers, *Halbmond und Hakenkreuz*, a. a.

O., S. 107.

13 「沒有說過一次害怕」，根據二〇一六年九月與查爾斯・古特曼的訪談。

一夕變身穆斯林

1 「其長相之醜，獐頭鼠目實仍不足以形容」，引述自：N. N., Die Galal-Vorstellung, *Der Spiegel* Nr. 17/1959, 22. April 1959.

2 「一九四二年十二月十八日伊斯蘭宰牲節」，參閱：Mallmann/Cüppers, *Halbmond und Hakenkreuz*, a. a. O., S. 114.

3 「加拉爾……遠赴德國留學」，參閱：Gerhard Höpp, Zwischen Universität und Straße.《校園與街頭》一八四九年至一九四五年埃及留學生在德國Ägyptische Studenten in Deutschland 1849–1945«, in: Konrad Schliephake/Ghazi Shanneik (Hrsg.), *Die Beziehungen zwischen der Bundesrepublik Deutschland und der Arabischen Republik Ägypten*, Würzburg 2002, S. 31–41, hier S. 39.

4 「《東方新聞》」，同上，第四十一頁。

5 「加拉爾當然是『可靠的』」，參閱：Brief mit unleserlicher Signatur, Politisches Archiv des Auswärtigen Amts, R 29863; siehe auch Nachlass Prof. Dr. Gerhard Höpp, Zentrum Moderner Orient, Berlin, 01.15.061.

6 「對納粹當局而言，他是非常『有用的』」，參閱：Gerhard Höpp, Zwischen Universität und Straße, a. a. O., S. 40.

7 「至於他本人則終其一生都是虔誠的穆斯林」：戰爭結束很久後，赫爾米在他一九六二年九月二十二日寫給漢堡埃及領事的信中仍再三強調「我是埃及人和穆斯林」，參閱：Nachlass Dr. Helmy, Familienarchiv el-Kelish.

8 「隸屬於柏林猶太教會」，參閱：安娜國賠檔案Entschädigungsakte Anna, LABOBerlin, Reg. Nr. 52 472, Bl. C 12.

9 「肉丸端上桌，肉上還會澆牛奶醬汁」，根據二〇一六年九月與卡爾菈・古特曼・葛林斯潘的訪談。

10 「祝你好運！」根據塞西莉亞・魯德尼克和馬丁・魯德尼克一九五二年二月二十三日寫給安娜・古特曼的信，23. Februar 1952 Familienarchiv Gutman.

11 「復活節快樂！」根據馬丁・魯德尼克寫給安娜・古特曼的信8. April 1950, Familienarchiv Gutman.

12 「加拉爾……讓柏林伊斯蘭研究院的領導階層大換血，自己也當上了研究院祕書長」，參閱：Aufzeichnung des Auswärtigen Amts (»Geheim«), 4. Dezember 1939, Politisches Archiv des Auswärtigen Amts, R 27262, sowie Gerhard Höpp, »Muslime unterm Hakenkreuz. Zur Entstehungsgeschichte des Islamischen Zentralinstituts zu Berlin e. V.«, in: *Moslemische Revue1* (1994), S. 16–27.

13 「親衛隊和德國外交部推薦了加拉爾」，參閱：Gerhard Höpp, »Der Koran als ›Geheime Reichssache‹. Bruchstücke deutscher Islam-Politik zwischen 1938 und 1945«, in: Holger Preißler/Hubert Seiwert (Hrsg.), *Gnosisforschung und Religionsgeschichte. Festschrift für Kurt Rudolph zum 65. Geburtstag*, Marburg 1994, S. 435–446.

14 「基督徒總是不斷地在迫害猶太人」，引述自：Sadr-ud-Din, »Die Christen und die Juden«, in: *Moslemische Revue*, April 1924, S. 41 f.

15 「就是這些個性導致他們永遠受詛咒」，根據其一九四三年四月二十一日的談話，引述自：Klaus-

Michael Mallmann/Martin Cüppers, *Halbmond und Hakenkreuz. Das Dritte Reich, die Araber und Palästina*, Darmstadt 2006, S. 115.

16 「有先見之明，完成先知的預言乃上天賦予他的使命」，出處同上，第一二〇頁。

17 「完全符合《可蘭經》裡預言的」，出處同上。

18 「全是一些不知所云的句子」，參閱：Schreiben Kamal el-Din Galals an Dr. Schmidt-Dumont, Propagandministerium, Abteilung Ausland, 26. Februar 1944, im Nachlass Prof. Dr. Gerhard Höpp, Zentrum Moderner Orient, Berlin, 013/006.

19 「喔，阿拉伯人，你們看」，參閱：Briefverkehr zwischen dem Propagandaministerium, Galal und dem Reichssicherheitshauptamt, Bl. 54, Nachlass Prof. Dr. Gerhard Höpp, Zentrum Moderner Orient, Berlin, 013/006.

20 「穆罕默德的信徒在八世紀曾企圖取道現今之法國往中歐擴張」以及後面一些與希特勒相關的內容，引述自：Albert Speer, Erinnerungen, Berlin 1969, S. 109–110.

21 「基督教義的實踐」，引述自：Saul Friedländer, Das Dritte Reich und die Juden, Band 1 und 2 in Neuauflage München 2007, S. 118.

22 「難能可貴地擁有正直」，引述自：Ian Kershaw, Hitler 1889–1936, München 1998, am Ende von Kapitel VI.

23 「神祕的……伊斯蘭團體」，引述自：Victor Klemperer, Eintrag vom 12. November 1944, in: *Ich will Zeugnis ablegen bis zum letzten: Tagebücher 1941–1945*, hrsg. von Walter Nowojski, Berlin 1995, S. 610.

24 「馬賽克是典型的中東風格」，參閱：David Motadel, *Islam and Nazi Germany's War*, Cambridge,

Massachussets/London 2014, S. 278.

25 「恐慌者的慰藉」，引述自：Yvan Goll, Sodom Berlin, Frankfurt 1988 (Übersetzung der Originalausgabe, ursprünglich erschienen 1929 in Paris), S. 80.

26 「一把佛教米」，出處同上，第五十九頁。

27 「要成為一名穆斯林甚至不必舉行任何儀式」，引述自：Sadr-ud-Din, »Das Glaubensbekenntnis des Islam«, in: *Moslemische Revue1*, April 1924, S. 22–24, hier S. 24.

28 「柏林，一九四三年六月十日」，參閱：Übertritts-Bescheinigung, Berlin 10. Juni 1943, Yad Vashem Archives, M. 31/12582.

假結婚

1 「埃及人所謂的『白婚』就是……」參閱：Irene Messinger, »Schutz- und Scheinehen im Exilland Ägypten«, in: Margit Franz/Heimo Halbrainer/Gabriele Anderl (Hrsg.), *Going East. Going South. Österreichisches Exil in Asien und Afrika*, Graz 2013, S. 165–182, hier S. 167.

2 「我們三個找了張桌子坐下來……」參閱：調查局偵查檔案Ermittlungsakte der Staatsanwaltschaft 1941, Landesarchiv Berlin, A Rep. 358–02, Nr. 154335. 筆錄內容還包括生日、個人簡歷和職業收入。

3 「所多瑪與蛾摩拉」，參閱：Goll, *Sodom Berlin*, a. a. O., S. 74.

4 「假結婚的計畫在赫爾米心中醞釀多時，一九四二年十一月，他就有這個念頭了」，參閱：一九四二年十一月四日羅馬尼亞大使館回覆給安娜的信，Yad Vashem Archives, M. 31/12582:「根據您編號 v. 4. ds. Mts.的申請信函，我們的答覆是：您要和一名埃及籍的男子結婚，大使館這邊並無異議。」

5 「只要您能讓我們確認……」參閱：Schreiben der Schweizerischen Gesandtschaft an Abdel Aziz Helmy Hammad, Berlin, 28. Juni 1943, Yad Vashem Archives, M. 31/12582.

6 「他原本想收養安娜」，參閱：尤莉亞・韋爾的一九四五年九月二十六日的自述Bericht von Julie Wehr, 26. September 1945, Yad Vashem Archives, M. 31/12582.

7 「無法克服的障礙」，引述自：赫爾米自撰的生平與經歷，Landesarchiv Berlin, B Rep. 078, Nr. 0561 (Aktenbestand »Unbesungene Helden«, Antrag Mohd Helmy), Bl. 17.

8 「麗莎・沃斯曼的故事」，參閱：Robert Satloff, *Among the Righteous. Lost Stories from the Holocaust's Long Reach into Arab Lands*, New York 2006, S. 171 f.

9 「連她的家人也一一被她接去了倫敦」，參閱：Thea Levinsohn-Wolf, *Stationen einer jüdischen Krankenschwester. Deutschland – Ägypten – Israel*, Frankfurt 1996, S. 48 sowie Irene Messinger, »Schutz- und Scheinehen im Exilland Ägypten«, in: Margit Franz/Heimo Halbrainer/Gabriele Anderl (Hrsg.), *Going East. Going South. Österreichisches Exil in Asien und Afrika*, Graz 2013, S. 165–182, hier S. 171–177.

10 「星期三，夜晚」，參閱：檔案資料「手寫的阿拉伯結婚證書」，Yad Vashem Archives, M. 31/12582.

11 「女王酒吧、羅克西酒吧、屋胡酒吧……」參閱：Michael H. Kater, *Gewagtes Spiel. Jazz im Nationalsozialismus*, Köln 1995, S. 130.

12 「中東餐廳『撒爾克』」，參閱：Gerhard Höpp, »Die Sache ist von immenser Wichtigkeit …«. Arabische Studenten in Berlin«, Manuskript im Nachlass Prof. Dr. Gerhard Höpp, Zentrum Moderner Orient, Berlin,

07.08.005, S. 20.

13 「立刻做出暗號警告並更換樂譜」，參閱：Kater, Gewagtes Spiel, a. a. O., S. 130.

14 「猶太小提琴手保羅．魏亞培爾」，同上，第八十六頁。

15 「……西羅酒吧……瘋狂奧托……」參閱：Knud Wolffram, *Tanzdielen und Vergnügungspaläste. Berliner Nachtleben in den dreißiger und vierziger Jahren. Von der Friedrichstraße bis Berlin W, von Moka Efti bis zum Delphi*, Berlin 1992, S. 189.

16 「再往上走一小段階梯」，參閱：Berliner Herold, Nr. 4, 24. Januar 1932, zit n. ebenda, S. 189.

17 「穆斯塔法．埃爾—謝爾比尼」，參閱：Kater, *Gewagtes Spiel*, a. a. O., S. 78 f. und S. 131.

18 「此乃伊斯蘭婚姻」，參閱：檔案資料「手寫的阿拉伯結婚證書」，Yad Vashem Archives, M. 31/12582.

蓋世太保步步進逼

1 「安娜和艾咪會相偕往下走，順坡散步至河畔」，根據二〇一六年九月與卡爾菈．古特曼．葛林斯潘和查爾斯．古特曼的訪談。

2 「計畫泡湯」，參閱：Bericht von Anna, 10. Juli 1945, Yad Vashem Archives, M. 31/12582.

3 「敬請近日親自至本單位取回所屬文件」：根據柏林夏洛騰堡戶政機關於一九四三年六月二十一日寫給赫爾米醫生的通知函Schreiben des Standesamts Berlin-Charlottenburg an Abdel Aziz Helmy Hammad, 21. Juni 1943, Familienarchiv Gutman.

4 「必須先通過種族審查」，參閱：David Motadel, *Islam and Nazi Germany's War*, Cambridge, Massachussets/London 2014, S. 57 f.

5 「因為『族裔』問題，他們的結婚申請被駁回」，參閱：一九五三年二月九日赫爾米申請國賠時所遞交之聲明，notarielle Abschrift, in: Landesamt für Bürger- und Ordnungsangelegenheiten Berlin, Entschädigungsbehörde (LABO Berlin), Reg. Nr. 14 500, Bl. C 10–16.

6 「帝國司法部長」：根據柏林夏洛騰堡戶政機關於一九四三年六月二十一日寫給赫爾米醫生的通知函，Familienarchiv Gutman.

7 「離境」，參閱：羅馬尼亞領事館一九四三年七月五日寫給安娜的信，Familienarchiv Gutman.

8 「蓋世太保又開始來找我的碴」，參閱：一九五三年二月九日赫爾米申請國賠時所遞交之聲明，notarielle Abschrift, in: LABO Berlin, Reg. Nr. 14 500, Bl. C 10–16.

9 「醫生不得不將我帶往別處藏匿」，參閱：Bericht von Anna, 10. Juli 1945, Yad Vashem Archives, M. 31/12582.

10 有關「克雷費爾德街七號」之住戶的種種遭遇：根據柏林的卡爾斯登·穆爾德醫生（Dr. Karsten Mülder）和他的妻子薩賓娜·穆爾德（Sabine Mülder）所整理的未公開的資料。

最後的謊言

1 「母親和繼父會帶些食物過來給她」，參閱：安娜國賠檔案，LABO Berlin, Reg. Nr. 52 472, Bl. C 2.

2 「唯一可以得到安娜祖母消息」，參閱：Bericht von Anna, 10. Juli 1945, Yad Vashem Archives, M. 31/12582

3 「他們的話題總繞著猶太人」，參閱：同上。

4 「玫瑰商社……赫爾曼公司」，參閱：尤莉亞國賠檔案，LABO Berlin, Reg. Nr. 72 475, Bl. B 12, E 2.

5 「香腸工廠卻是軍隊的協力廠商，這家工廠在戰時備受當局重視」，參閱：喬治．韋爾國賠檔案，LABOBerlin, Reg. Nr. 71 761, Bl. E 25.

6 「安娜的舅舅終身左耳重聽」，參閱：馬丁．魯德尼克國賠檔案，LABO Berlin, Reg. Nr. 23 973, Bl. B 4, B 7, B 17.

7 「經勝利紀念柱時，馬丁跳車了」，參閱：同上，Bl. C 8 f.

8 「被遣送至萊維佐夫街……馬丁趁著大家不注意竟奇蹟似地又從窗戶逃脫了」，參閱：同上。

9 「何等危險境地」，參閱：安娜一九四五年七月十日的自述，和母親尤莉亞一九四五年九月二十六日的自述，Yad Vashem Archives, M. 31/12582.

10 「他拿錢給馬丁，並且為他張羅吃的和喝的」，參閱：同上。

11 「斯塔肯區……利希特費爾德區……新克爾恩區……」，參閱：一九五三年二月九日，赫爾米申請國賠時所遞交之聲明，notarielle Abschrift, in: LABOBerlin, Reg. Nr. 14 500, Bl. C 10–16，以及安娜一九四五年十一月一日所自撰之生平與經歷，Yad Vashem Archives, M. 31/12582.

12 「經過了三個禮拜後」，參閱：安娜一九四五年七月十日的自述，Yad Vashem Archives, M. 31/12582，以及一九五三年二月九日，赫爾米申請國賠時所遞交之聲明，notarielle Abschrift, in: LABOBerlin, Reg. Nr. 14 500, Bl. C 10–16

13 「雙腳也被凍傷了」，參閱：安娜國賠檔案，LABO Berlin, Reg. Nr. 52472, Bl. B1, B 12f., B 24.

14 「小型農耕聚落」，參閱：Peter Warnecke, *Laube, Liebe, Hoffnung. Kleingartengeschichte*, Berlin 2001, S. 48 f.

15 「赫爾米和他的未婚妻艾咪也曾借助於這種小型的農耕聚落」，參閱：安娜一九四五年十一月一日自撰之生平與經歷，和母親尤莉亞一九四五年七月十日的自述，Yad Vashem Archives, M. 31/12582.

16 「沒有讓蓋世太保知道他在農耕社區另有住處」，參閱：安娜一九五三年十二月自撰的生平和經歷，Landesarchiv Berlin, B Rep. 078, Nr. 0561 (Aktenbestand »Unbesungene Helden«, Antrag Mohd Helmy), Bl. 13–16, hier S. 15.

17 「讓蓋世太保完全查不到」，參閱：同上。

18 「我女兒覺得不能什麼都不做」，參閱：尤莉亞一九四五年九月二十六日的自述，Yad Vashem Archives, M. 31/12582.

19 「母親任職的工廠裡同樣服強制役的許多女人，竟慢慢地全都知道了我藏匿的事」，參閱：安娜一九四五年七月十日的自述，Yad Vashem Archives, M. 31/12582.

20 「雖然我們一再告訴她不可以跟別人講」，參閱：同上，以及一九五三年二月九日赫爾米申請國賠時所遞交之聲明，notarielle Abschrift, in: LABO Berlin, Reg. Nr. 14 500, Bl. C 10–16.

21 「把她帶到……舒爾大街七十八號」，參閱：尤莉亞．韋爾國賠檔案，LABOBerlin, Reg. Nr. 72475, Bl. C 2.

22 「我真的做錯了」，參閱：尤莉亞一九四五年九月二十六日的自述，Yad Vashem Archives, M. 31/12582.

23 「真的都好可怕」，參閱：安娜一九四五年七月十日的自述，Yad Vashem Archives, M. 31/12582.

24 「出生來歷完全是騙你的」，參閱：一九五三年二月九日，赫爾米申請國賠時所遞交之聲明，

notarielle Abschrift, in: LABOBerlin, Reg. Nr. 14 500, Bl. C 10–16.

前往開羅

1 「一九四五年四月二十一日蘇聯紅軍開進了柏林布赫區」，參閱：一九五四年五月十一日赫爾米申請國賠時所遞交之聲明，Landesarchiv Berlin, B Rep. 078, Nr. 0561 (Aktenbestand »Unbesungene Helden«, Antrag Mohd Helmy), Bl. 17.

2 「我寫信給當地的外交人員……」引述自：羅伯特・沙塔洛夫 Robert Satloff, *Among the Righteous. Lost Stories from the Holocaust's Long Reach into Arab Lands*, New York 2006, S. 173.

3 「沙塔洛夫決定換由……著手……巴黎大清真寺……」同上，141–151頁。

4 「之前的國際義人獎單位負責人莫迪凱・帕爾迪爾則指出」，參閱：Sonja Hegasy, Araber und Nazi-Deutschland: »Kollaborateure und Widersacher«, online publiziert unter www.qantara.de am 1.12.2010.

5 「過去都是強烈的動機」，引述自：Satloff, Among the Righteous, a. a. O., S. 2.

6 「我母親實乃德國人」，參閱：赫爾米寫給伊朗大使館的信，Schreiben Helmys an die iranische Gesandtschaft, 24. Oktober 1939，及赫爾米寫給希特勒的信 Schreiben Helmys an Hitler, 8. Dezember 1939, beide im Politischen Archiv des Auswärtigen Amts, R 27262.

7 「我是一個德裔埃及人」，參閱：赫爾米一九三九年十月二十五日寫給外交部的信 Schreiben Helmys an das Auswärtige Amt, 25. Oktober 1939, Politisches Archiv des Auswärtigen Amts, R 27262.以及一九三九年

赫爾米寫給領事梅爾徹斯博士的信，Schreiben Helmys an Konsul Dr. Melches, 13.13.1939 (sic), ebenda: »außerdem bin ich Halbdeutscher«.

8 「我的父母皆是埃及人」，參閱：一九五三年二月九日，赫爾米申請國賠時所遞交之聲明notarielle Abschrift, in: LABOBerlin, Reg. Nr. 14 500, Bl. C 10–16.

9 「是埃及人和穆斯林」，參閱：赫爾米寫給開羅市政府的信 Schreiben Helmys an Kairoer Stadtverwaltung 為重新申請出生證明 (Antrag auf Ausstellung einer neuen Geburtsurkunde), 16. Dezember 1959, Familienarchiv el-Kelish.

10 「前往紐約的旅途」，引述自：安娜・古特曼寫給亨利・古特曼的信 Brief von Anna Gutman an Henry Gutman, undatiert, Familienarchiv Gutman.

11 「一個表親家裡工作」，同上。

12 「我沒有爸媽的消息」，和後面的相關內容，引述自：一九四七年八月十二日，安娜・古特曼寫給亨利・古特曼的信 Brief von Anna Gutman an Henry Gutman, 12. August 1947, Familienarchiv Gutman.

資料來源

包括文獻館和電子資料庫

Nachlass Anna Gutman, Familienarchiv Carla Gutman Greenspan (New York)

Nachlass Dr. Mohammed Helmy, Familienarchiv Mohammed el-Kelish (Kairo)

Landesarchiv Berlin

Politisches Archiv des Auswärtigen Amtes

Entschädigungsbehörde im Landesamt für Bürger- und Ordnungsangelegenheiten Berlin Yad Vashem Righteous Among the Nations Department

Zentrum Moderner Orient (Berlin)

Gedenkstätte deutscher Widerstand (Berlin)

Digitalisierte Berliner Adressbücher (https://www.zlb.de/besondere angebote/berlineradressbuecher.html)

Gedenkbuch des Bundesarchivs für die Opfer der nationalsozialistischen Judenverfolgung in Deutschland (https:// www.bundesarchiv. de/gedenkbuch/)

Datenbank zur Volkszählung 1939 von Tracing the Past e. V. (https:// www.tracingthepast.org/index.php/en/)

圖片來源

Nachlass Anna Gutman / Familienarchiv Carla Gutman, New York 附圖見25頁, 167頁, 168, 176, 177, 179, 180頁

Nachlass Dr. Mohammed Helmy / Familienarchiv el-Kelish (Kairo) 附圖見50/51頁, 59頁, 170頁, 172頁

Familienarchiv Dieter Szturmann, Berlin附圖見178頁

akg-images / Pictures From History 附圖見173頁

Archiv der Berliner Moschee der Lahore-Ahmadiyya-Bewegung zur Verbreitung islamischen Wissens (z. Zt. London) 附圖見93頁, 175頁

Department of Special Collections, Stanford University Libraries 附圖見152頁

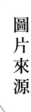

謝辭

安娜的兩名子女曾在紐約盛情接待了我，並且與我分享一整天的家族回憶，他們打開一只放在閣樓裡數十年的仿鱷魚皮的行李箱，裡頭堆滿用意第緒語、匈牙利語和德語寫成的信件、日記，還有舊照片。他們兩位是：卡爾菈・古特曼・葛林斯潘和查爾斯・古特曼。

赫爾米的一位姪子、兩位姪孫，和一位姪孫的遺孀則在開羅時接待過我，他們讓我看許多珍貴的舊照片，甚至把赫爾米醫生的一些珍貴遺物交到了我手上。他們是：穆罕默德・埃爾—凱利續先生、艾哈邁德・努爾・埃爾—丹・法格哈爾先生、納賽爾・寇特比教授，和梅瓦特・埃爾—卡什布女士。我要在此向他們表達我最誠摯的謝意，感謝他們的信任、開誠布公與熱心。

非常感謝各界為我所提供的指導、建議和種種支持，為此我要特別感謝現代東方研究中心（Zentrum Moderner Orient）的Sonja Hegasy博士、Yasser Mehanna先生和Teresa

Schlögl女士；德國抵抗運動紀念中心（Gedenkstätte Deutscher Widerstand）的Martina Voigt女士；以色列猶太大屠殺紀念館的Gili Diamant女士和Irena Steinfeldt博士；維也納的Irene Messinger博士；馬里蘭的Peter Wien教授；倫敦政治經濟學院的David Motadel教授，以及Jani Pietsch博士、Dieter Szturmann先生、Elisabeth Weber女士、Sabine Mülder女士，和Karsten Mülder博士——沒有你們，赫爾米醫生的事蹟就無法完整地呈現在世人面前。此外還要感謝開羅的Amgad Youssef先生，以及Doris Saleh女士、Kirsten Grieshaber女士、Barbara Wenner女士、Katja Riedel女士和Kathrin Liedtke女士。最後則要感謝Ulrike，她是本書初稿完成的第一位讀者，感謝她給予我許多至關重要的建議和修改，謝謝！

人文

穆斯林與猶太少女：柏林納粹時代的救援紀實

Der Muslim und die Jüdin: Die Geschichte einer Rettung in Berlin

作　　者—羅南 · 史坦格（Ronen Steinke）
譯　　者—闕旭玲
發 行 人—王春申
總 編 輯—張曉蕊
主　　編—邱靖絨
校　　對—楊蕙苓
封面設計—羅心梅
內頁設計—菩薩蠻電腦科技有限公司

業務組長—何思頓
行銷組長—張家舜
出版發行—臺灣商務印書館股份有限公司
　　　　23141 新北市新店區民權路 108-3 號 5 樓（同門市地址）
電話：(02)8667-3712　傳真：(02)8667-3709
讀者服務專線：0800056196
郵撥：0000165-1
E-mail：ecptw@cptw.com.tw
網路書店網址：www.cptw.com.tw
Facebook：facebook.com.tw/ecptw

局版北市業字第 993 號
初版一刷：2020 年 7 月
印刷：鴻霖印刷傳媒股份有限公司
定價：新台幣 380 元

法律顧問—何一芃律師事務所

國家圖書館出版品預行編目(CIP)資料

穆斯林與猶太少女：柏林納粹時代的救援紀實
/ 羅南.史坦格(Ronen Steinke)著；闕旭玲譯. --
初版. -- 新北市：臺灣商務, 2020.05
面；　公分. -- (人文)
譯自: Der Muslim und die Jüdin : die Geschichte
einer Rettung in Berlin

ISBN 978-957-05-3259-3(平裝)

1. 德國史 2. 猶太民族 3. 納粹
4. 第二次世界大戰 5. 報導文學

743.258　　109003153

The translation of this work was supported by a grant from the Goethe-Institut.